昭和・平成・令和

# 岡山県高校野球風雲録

〜ユニフォームは知っている〜

# はじめに

四国の田舎町に育った私は、その頃の少年がそうであったように、地元の高校野球チームの勝敗に心を躍らせた。四国のチームが負けると、次に応援したのが近県の岡山だった。小学校、中学校、そして高校、大学時代もその気持ちが続いた。その時期、岡山の高校は選抜でも夏の甲子園でも、ベスト4に当たり前のように進み、熱狂した。倉敷工業の小山、居郷、兼光、玉島商業の松枝、岡山東商のライト、吉田、藪井。さらに、岡山南の上原などエースたちの姿が今でも頭に残る。

岡山の放送局に就職してからは、取材や中継で岡山の高校野球に関わった。そこでは、強豪校に立ち向かう普通科高校の奮闘に心を寄せた。玉野、朝日、大安寺には、やはり自身が普通科校に通っていたから親近感を持っていた。だが、大舞台には届かなかった。

10年ほど前から、ライフワークとして全国の高校のユニフォームを集め、そこにあった物語を調べ始めた。2年前に夏の全国大会で優勝した高校のユニフォームが揃ったのだが、改めて、そこに岡山の高校がないことに寂しさを覚えた。私のユニフォーム収集と研究が始まった頃から、岡山の高校が晴れ舞台で活躍できなくなっていた。少年たちの野球離れ、有力選手の県外流出など理由があるのは分かっているが、復活に向け何か一石投じることができないかと考えた。

思いついたのが、選手、監督、関係者が頑張った物語を広く知ってもらい、薄らいでいる岡山の高校野球への関心を高めることだった。2年余り、仕事が休みの時に元球児や監督、部長ら関係者をたずね歩いた。電話での取材を含めると、その数は100人を超えた。彼らの話には、野球小僧たちの宝石のようにきらめく青春があった。名勝負、人生、人間模様など26校の物語は様々だが、何かを感じ取っていただければと思う。

高校野球は時代に合わせて変化しているが、岡山だけでなく日本中の、こうした一つ一つの物語が積み重なり、野球王国を築き、WBCでの優勝につながっている。一介のライターが語るにはおこがましいが、野球文化の発展と野球を愛する人たちに幸多きことを祈りたい。

令和5年夏の甲子園大会を前に

フリーライター　石原正裕

# 目次

はじめに　3

1　名門の誇りと今……7

岡山県立倉敷工業高校　8
岡山県立岡山東商業高校　23
岡山県立岡山南高校　37
岡山県立倉敷商業高校　52
岡山県立玉島商業高校　62
岡山県立水島工業高校　77

2　私学の雄の輝き……87

関西高校　88
岡山理科大学附属高校　112
興譲館高校　125

3　私学　新勢力の台頭……131

創志学園　132
岡山学芸館高校　142
おかやま山陽高校　151

4　名勝負　普通科校の奮闘と無念……165

岡山県立岡山大安寺中等教育学校　166
岡山県立岡山朝日高校　183
岡山県立岡山操山高校　192
岡山県立西大寺高校　201
岡山県立玉野高校　210

5 県立新設校の輝き……233
岡山県立岡山城東高校 234
岡山県立玉野光南高校 254
岡山県立岡山芳泉高校 269

6 県北からの挑戦……279
岡山県立津山高校 280
岡山県立津山商業高校 291
岡山県立津山工業高校 302
岡山県立勝山高校 313

7 書き残したい二つの高校の物語…323
岡山県立笠岡商業高校 324
岡山県立琴浦高校 335

8 番外編　岡山高校野球三国志……343
岡山、監督たちの三国志 344
岡山県高校野球風雲録　年表 356
あとがき 361
参考文献 364

# 1

# 名門の誇りと今

歴戦の雄　ドラマ多き名門

# 岡山県立倉敷工業高校

甲子園出場　春11回　夏9回

**創　　立**　昭和14年
**創　　部**　昭和16年
**最高成績**　春　準決勝（昭和32·43年）　夏　準決勝（昭和24·43年）
**主な選手**　槌田誠（巨人）片岡新之介（阪神）菱川章（中日）兼光保明（近鉄）福島章太（中日）ら多数

**【ユニフォームの概要】**

昭和24年、のちに監督となる投手小沢馨が初めての甲子園に出場したときは「KURAKO」と表記していた。小沢が監督となり、甲子園の常連となり倉敷を代表するチームとして「KURASHIKI」を採用した。当初は濃紺だったが、4期連続甲子園に出場した黄金期の昭和43年春にエンジ色を採用し、帽子もアンダーシャツも白の早稲田カラーとした。それまで大きな選手が多かったがエースの小山をはじめ、比較的小柄で濃紺は似合わないと「色を変えた」と伝わっている。昭和50年の春からは袖やパンツにエンジのラインが入るスタイルとなった。現在の高田監督が原点に戻る意味で「KURAKO」にしたが、平成4年春の甲子園には長く愛されたデザインで臨んだ。

# 倉敷工業野球部　小史

倉敷工業の創立はヨーロッパで第二次大戦が勃発し、日本も戦時体制が色濃くなった昭和14年（1939）だ。戦後になって本格的に野球部の活動が始まるが、昭和24年（1949）夏に早くも甲子園出場を決めている。のちに倉敷工業の監督として母校を強豪校に育てる、投手の小沢馨がいた。強打の藤沢新六もおり、夏の3連覇を狙っていた小倉北（現小倉）を、世紀の番狂わせと称された試合で下し、準決勝に進出している。その時の監督は玉島商業から明治大に進んだ三宅宅三だ。倉敷で書店を営みながら玉商OBのクラブチームで国体にも出場している。部員たちが自ら監督就任を要請したと伝わる。

昭和26年（1951）に小沢が監督となり、20年余りの在任中に春9回、夏5回も甲子園に導いた。昭和36年（1961）夏の報徳学園戦では温情でエースを登板させ大差からの逆転負けをし、昭和50年（1975）春は金属バット時代を象徴した打撃戦を制するなど多くの名勝負を展開した。また、そこに人情あふれるドラマを残している。

岡山東商の向井正剛監督とのライバル対決は、昭和30年代後半から昭和50年代初めまで続いた。和泉利典、中山隆幸両監督時代にも劇的な試合を甲子園に残した。長く聖地に届かない時期が続いたが、高田康隆監督が就任後の令和4年（2022）春の選抜に出場、名門復活が緒に就きつつある。

## 昭和・平成・令和　ドラマ多き名門

令和4年（2022）春、倉敷工業の11度目の選抜出場が決まった。令和になって初めての甲子園だった。昭和、平成で高校野球史にドラマを残す名門の新たな物語に胸を膨らませるファンは多かった。13年ぶりの出場に沸いた倉工野球部だったが、一回戦で和歌山東に先制しながら追いつかれた。延長に入る熱戦もミスでチャンスを失い、それをきっかけに失点し敗れたのは残念だった。

三つの元号で甲子園に鮮烈な試合をしている倉敷工業だが、ともに選抜の開幕試合で展開した打撃戦は語り草だ。

久々の選抜出場（令和4年）

## 中京との壮烈な打撃戦

まずは、昭和50年（1975）の47回大会だ。名門の中京相手に3回4回に13点を奪い13―2と楽勝ムードに持ち込んだ。だが、のちに近鉄に進むエース兼光保明は風邪をこじらせ高熱を出しての登板だった。開幕の1か月ほど前から続き、治りきらずコンディションは十分でなかった。「地に足がついてなくて、頭もボーッとしていた」と振り返る。防御率0点台のエースが4回5回に9失点。内野を守っていた後輩の選手は「なんで兼光さん、こんなに打たれるん」と不思議に思ったそうだ。8回裏には同点にされたが、9回に1点をとって、16―15で、

体調不良の中力投する兼光投手 ©ベースボールマガジン社

**昭和50年春　選抜　一回戦**

| | | | | | |
|---|---|---|---|---|---|
| 倉敷工業 | 005 | 801 | 011 | 16 | 兼光・塚岡一大本 |
| 中京 | 101 | 450 | 310 | 15 | 安井・千賀・安井・近沢一岡田忠 |

やっと逃げきった。救援を受けライトを守った兼光は「スコアボードを見て、どっちも大量点が入っていて勝っているのか負けてるのかも計算できなかった」と話すほど意識朦朧だった。「普段は打たない選手が打って、僕の不調をカバーしてくれました」と懐かしく昔語りをしてくれた。

この年は金属バット解禁の年で、倉敷工業の野田尊久が使用第一号となっている。試合の後、兼光は小沢監督に叱られると思っていたが、それはなかった。小沢流は選手の性格を考えた言動が基本だった。その時コーチを務めていた小山稔は「僕のように向こう意気が強い選手には、反発心を起こそうと怒ったんですけどね」と話していた。不甲斐ない試合にもソフトに接した監督の思いに応えたのが、二回戦だった。

二回戦は原辰徳が2年の時の東海大相模で新聞は東西の優勝候補対決と書きたてた。そこで、見違えるような、投手戦を展開している。体調の戻って来た兼光が強打の東海大相模を6安打におさえ、5回の1失点のみ。倉工は相手エース村中から得点が奪えなかったが、最終回、兼光が三塁打を放ち、あと一歩と追い詰めている。ふがいない投球をした一回戦の汚名をそそぐ奮闘だった。東海大相模の原貢監督は「兼光投手の好投で苦しい試合だった」とコメントを残している。この選抜、東海大相模は準優勝している。

## 金光大阪との延長の熱戦

平成21年（2009）の81回大会で、またも倉敷工業は金光大阪を相手に壮絶な打撃戦をした。9回裏に3点差を追いつき、さらに1点リードされた延長12回裏に日下太希らのヒットで2点をとって11―10のサヨナラ勝ち。「試合を絶対にあきらめるな」と鼓舞した倉工ベンチの声は、今も生き続けている。

## 倉敷工業　昭和の名将　小沢馨

さて、昭和の倉工を語るには名将の小沢馨を避けて通れない。昭和24年（1949）夏の甲子園に初出場を果たし四強に導いたエース。準々決勝では三連覇を目指した小倉北を破り大金星を挙げたが、相手投手の心を考え喜べな

サヨナラ打の日下

**平成21年春　選抜　一回戦**（延長12回）

| | | | | | | |
|---|---|---|---|---|---|---|
| 金光大阪 | 210 | 120 | 003 | 001 | 10 | 木場·藤本―中島 |
| 倉敷工業 | 100 | 301 | 013 | 002 | 11 | 山崎·早藤―頼 |

かったと述懐していた。敗戦に泣き伏す通路の福島一雄投手。横を通り過ぎる小沢は帽子をとって「すまなかった」と、つぶやいたとされる。当時無名だった倉工の謙虚さと礼儀が伝わる逸話である。

今に繋がる強打と大らかなチームカラーの礎となった小沢は人情家だった。監督として臨んだ昭和49年（1974）7度目の選抜の際の心遣いはいとおしい。準々決勝の相手は11人で甲子園に出場して「さわやかイレブン」と言われ準優勝した池田。四強をかけた勝負は下馬評有利の倉工が延長12回の熱戦の末2対1で敗れた。後日にわかったのだが、試合前日、池田の練習場に数人の倉工野球部員の姿があった。

「11人では十分練習ができん」と小沢が手伝いのため、部員を差し向けていたのだった。その試合は無失策のしまった試合だった。小沢の人情が作り上げた名勝負だろう。

小沢は阪神、ノンプロを経て、昭和26年に20歳で倉工の監督に就いている。倉敷市長の要請を受け夜間高校の事務職員となり倉敷工業の監督を任された。

小沢馨監督

小沢率いる倉工の活躍は倉敷地域が水島コンビナートの造成で工業都市として発展していった時代と重なる。数々のドラマは正に街の歩みとともにあった。それゆえ倉工の試合は今も街の人々の心の中に鮮明に生きている。

## 伝説の試合　倉敷工業―報徳学園

それは60年以上も語り継がれる高校野球史上に残る人間ドラマに違いない。

昭和36年（1961）倉工―報徳学園戦はゼロ行進で延長戦に入った。11回表に倉工が一挙6点を取り勝負ありと思われた。だが試合は思わぬ展開となった。倉工はこの年、エースがケガで登板できず、急造で投手になった2年の永山勝利を盛り立てて戦ってきた。地方大会前の練習で骨折したエース森脇敏正を「甲子園で投げさせたい」とチーム一丸となり、予想を覆し大舞台にたどり着いた。森脇を思いやる選手の気持ちを誰よりも知っていたのが、監督小

現在の永山勝利さん

沢だった。人情家の小沢は森脇を投げさせるタイミングを待っていた。なぜなら、倉工の勝利は目前だったからだ。

## 人情采配の行方

11回表に6点差をつけられ、報徳は11回裏、控え選手で監督に試合中、水を運ぶ役目をしていた平塚正を代打に送る。報徳は負けを覚悟の采配だった。平塚はボテボテの三遊間のゴロだったが内野安打となった。続く大野は外野フライで一死。4番の藤田はユニフォームに、かするか、かすらないかの微妙な死球で一死1・2塁。5番の清井のライト前ヒットで、平塚は二塁から暴走気味にホームを狙った。これが、奇跡的にタッチをかわし1点が入った。倉工にとっての悲劇の始まりだった。続く一死2・3塁で6番の吉村。吉村は一塁ゴロで三塁ランナーが帰ったが二死となり、6—2の4点差だ。あとアウト一つで勝つ。

小沢監督は森脇を、ここしかないタイミングでマウンドに送った。投手の永山を三塁の

逆転のきっかけになった暴走気味のホームイン　©朝日新聞

守備につかせての投入だった。永山は三塁ランナーの清井と会話を交わしていた。「やっと終わったな」「うーん、負けたな……」そんなやり取りだった。

## 名捕手が語気を強める　運命の一球

救援森脇は7番打者を2ボール2ストライクと追い込み外角低めに会心の直球。審判の右手があがりかけ見逃し三振で「試合終了だ」と思われたが、判定はボール。のちに立大・巨人へと進む名捕手槌田誠が仲間と飲むたびに「あれはストライクだ」と語気を強める運命の一球だ。結局四球となり流れは報徳に傾く。森脇は安定せず、再び永山をマウンドに戻す。しかし、切れた緊張は戻らず、ありえないミスも出て4点を返され6—6の同点。そして、延長12回裏1点を奪われサヨナラ負けを喫した。

試合後「采配のミスだ」と詫びる監督に「森脇を投げさせてくれ、ありがとうございました」と選手たちは頭を下げた。夜遅くに列車で倉敷に帰ったナインと小沢監督。出発の時とは違う、静かな駅に出迎えたのは、監督と親交のあった、のちの大原美術館の藤田館長夫妻だけだったと伝わる。勝敗を超越した、この物語は倉工永遠の財産だろう。

のちに小沢はこう話している「勝ちにはなりませんでしたが、価値のある試合でした」

と。多くの関係者が物故したが、永山に会うと「あの試合のおかげで、何回も取材を受けたり、いつまでも話題にしてくれるから幸せですよ」その表情は柔和だった。報徳戦の時に2年だった永山―槌田のバッテリーは、翌年の夏、甲子園に戻って勝利をあげた。それは、小沢監督や先輩たちへの慰めの一勝だったただろう。倉敷工業の試合には、なぜか人情噺がよく似合うのだ。

翌年、甲子園で勝利した槌田たち

## 鉄腕サウスポー　小山の時代

昭和42年（1967）、43年（1968）の倉工のドラマも忘れがたい。四期続けて甲子園出場を果たす黄金期だった。ライバル岡山東商は昭和40年（1965）の選抜で優勝し、倉工はそれに負けまいと闘志を燃やした。そのシンボルが左腕の小山稔だった。向井の熱心な勧誘で岡山東商への進学に気持

| | | | | | | |
|---|---|---|---|---|---|---|
| **昭和36年夏　甲子園　一回戦**（延長12回） | | | | | | |
| 倉敷工業 | 000 | 000 | 000 | 060 | 6 | 永山・森脇・永山―槌田 |
| 報徳学園 | 000 | 000 | 000 | 061 | 7 | 酒井・東―高橋 |

ちが傾いていたが、翻させたのは「選抜の優勝校に勝って甲子園に行ったら気持ちいいぞ」という小沢の殺し文句だった。

剛腕小山を得て、倉工は前年、秋の中国大会で準優勝、昭和42年（1967）の選抜出場が確実とみられた。だが、選ばれたのは準決勝で食中毒に見舞われながらも優勝校に善戦した津山商業。無念を押し殺し、小沢は小山を夏に向け下半身強化のため走りこませ、投球練習をやめさせた。

ところが予想外なことが起こる。津山商が野球部と無関係な生徒の問題で出場を辞退。急に補欠校の倉工が大舞台に立つことになった。わずか開幕の1週間前だった。本番に備えて急仕上げした小山の肩は、以来故障に悩まされるが、その選抜では優勝した津久見に1点差の惜敗。翌年は春夏の甲子園で四強に進んでいる。小山の肩が本調子なら優勝旗は岡山東商に次いで、倉工にもたらされたのではないか。そんな思いがしてならない。運命のいたずらは、いつも高校野球につきまとう。

小山稔さん

小山は「いい監督に恵まれ、甲子園で7勝もでき悔いはないです」と話す。小山は長く母校のコーチをつとめて多くの選手を晴れ舞台に送った。

## 平成時代　ドラマを起こすＤＮＡ

平成時代は新勢力の台頭などで倉敷工業の甲子園出場は3度にとどまる。だが、ドラマを起こすＤＮＡは受け継がれていた。

平成15年（2003）夏の甲子園一回戦。台風接近の中で行われ、翌年から夏全国二連覇する強打の駒大苫小牧に、エース陶山大介が9安打4四死球と乱れた。4回裏8—0でなおもツーアウト1塁3塁。ここで豪雨に見舞われグラウンドは池のようになり、降雨ノーゲームとなった。再試合は5—2で快勝したが、そこにも知られざる物語がある。

「甲子園は水はけがいいので、ノーゲームになることは全く考えてはなかった」と当時の中山部長は振り返る。和泉監督と二人三脚で育てたチーム。点を入れなければ倉

ノーゲームとなった倉敷工業—駒大苫小牧戦

敷に帰れないとベンチで攻略法を一心不乱に考えていた。強まる雨脚に気をやる余裕もなかったと言う。そんな時、急に役員に呼ばれ再試合が告げられた。「相手の心情を考え次の試合に臨んでください」とも釘をさされた。

それを受けて、宿舎では翌日の再試合の心構え・戦略など3回、あわせて4時間も異例のミーティングを行った。再試合で相手に失礼のない好ゲームにするために心を整えたのだ。それは、勝利を手中にしていた対戦相手への敬意があったからだ。名将小沢の勝敗を超えた人間味は中山たち教え子にも確実に伝わっていたのだった。

この時、現監督の高田をコーチとして帯同していた。高田は陶山のスライダーは「捕手が少し外に構えるといい投球になった」と振り返ってくれた。

## 令和によみがえる倉工

令和の今、高田監督が就任して6年目に名門復活の選抜切符を手にした。平成の現役時代に夢舞台を踏めなかった高田は、大学卒業後に興譲館でコーチや監督をつとめ母校に赴任した。その経験で「学校ＯＢとの良好な関係、生徒の生活充実が野球に深く関わることを学んだ」と話す。

新しい風を吹かせれば、さらに伝統が輝くと様々な試みを始めた。3年生が現役を引いた後に後輩を教える感謝コーチング。部室や用具を整理整頓するボックス当番などで部員の心を鍛えた。伝統のユニフォームは「KURASHIKI」から「KURAKO」にした。昭和20年代、甲子園に初出場した頃に戻した。初心に帰ることを形にしたのだ。袖やパンツのラインを太い1本から細い2本にした。1本は現役、もう1本は卒業生。残るものも、去るものも共にあることを記した。

令和4年（2022）選抜に出場した選手たちは「攻めて攻めて攻めたぎる」をテーマに戦った。それは大きな挫折を元に決めた。前年夏の岡山県大会三回戦で岡山城東に4－3で敗れた。秋に勝利、春にはコールドで圧勝した相手。高田は「油断はなかったのになぜか受け身になった」と悔いた。涙で去る3年の悔しさを胸に部員たちは、常に攻めの気持ちを忘れぬよう誓ったのだ。伝統に新たな1ページを加えた高田は久々の選抜で、現役時代に自らも着た往年のユニフォームに戻して戦った。

昭和50年（1975）春の選抜の開幕試合で中京に打ち勝ち、平成21年（2009）春の選抜でも9回に3点差を追いつき延長12回サヨナラ勝利するなどした伝統のユニフォームだ。それは、幾多のOBの喜びと悔しさを分かち合うことに繋がる。倉工にはそんな、さりげない心遣いがよく似合う。

マナーと努力の選抜制覇　その戦歴

# 岡山県立岡山東商業高校

甲子園出場　春８回　夏11回

創　　立　明治31年
創　　部　大正12年
最高成績　春　優勝（昭和40年）　夏　ベスト４（昭和46·53年）
主な選手　秋山登（大洋）土井淳（大洋）八名信夫（東映）平松政次（大洋）八木裕（阪神）ら

【ユニフォームの概要】

昭和33年、向井監督が就任し、漢字の「岡山東商」から「OKAYAMA」に変わった。優勝した選抜出場時より白桃色と呼ばれる、濃いアイボリー地になり、袖には漢字の東。以来、字体を若干変えることはあったが、大きな変化なく伝統を守っている。ストッキングは平成の初めごろ、紺に白線二本の間にオレンジの太いラインが入った。創部当初は「MC」（MIDDLE COMMERCIAL）、戦時中は右から左に当時の校名「岡山一商」と記されていた。甲子園初出場時は四角な斜めの字体で「OKAYAMA」の表記だった。

## 向井正剛　頂点を見た男

岡山県で唯一、全国の頂点に立ったユニフォーム。それを着ていた偉大な監督が、目の前にいた。向井正剛《むかいまさかた》、昭和10年生まれの88歳。大柄で強く優しい視線。そして、渋く力強い声は、今も健在だ。

東京教育大（現筑波大）を卒業後の昭和32年に岡山東商に赴任、2年目から監督となり、選抜高校野球の優勝は、就任7年目の栄冠だった。赴任当時の松井監督は、元プロ野球出身。甲子園出場の実績も持ち、新人監督にとって荷の重い立場だったと思えるのだが、この時、ユニフォームを大胆に変えた。漢字の岡山東商から、ＯＫＡＹＡＭＡに。県を代表するチームにしたい、「岡山の高校野球と言えば東商」と言われる存在にしたかったのだ。

そして、特長的なユニフォームカラー白桃色。それは、偶然の産物だった。向井にとって2度目の

向井正剛さん（令和3年）

甲子園、昭和40年3月の選抜。春先で寒さも残る時季である。「生地の厚い、フラノのようなものがないかな」と注文を出すと、運動具店が持ってきたのが、白桃色だったんだと笑った。「こりゃ、岡山らしゅうていいが」と即決。当時としては、全国的にも珍しい色のユニフォームが生まれ、それは、いきなり大舞台で躍動したのだ。

## 努力とマナーでつかんだ全国優勝

オールドファンには言うまでもないが、速球派のエース平松政次が、準決勝までの4試合を完封勝利。決勝では左の強打者、藤田平のいる市立和歌山商相手に延長13回に2─1でサヨナラ勝ち。ランナー2塁から中島のセンター前ヒットで生還する宮崎。

その足が3塁を回って進んでいないように見え、向井は「早よ、還れ！　早よ、還れ」と岡山弁で叫んでいたと振り返る。

23歳から16年間、岡山東商の監督を務め、後に県教委、文

宮崎がサヨナラのホームイン

平松政次投手

部省課長、ＪＯＣ事務局長、仙台大学学長を歴任した向井。スポーツを通じた教育者向井が、岡山東商で一番伝えたのは、マナーと努力だった。時間厳守、挨拶、服装に始まり、合宿所で暮らす選手には、挨拶、スリッパの揃え方、風呂の入り方なども口を酸っぱくして話したという。マナーの徹底は、チームメイトだけでなく、自分に接する人を思いやり、他人の心を知ることにつながっていく。それは、チームワークを生む。そして、視野が広くなることによって、相手選手の心理、クセ、気配を見抜く、考える野球の力につながったのだ。

後に学長となる仙台大学では、野球部の部長を務め、岡山東商業時代に作成した部訓を伝えて、全国大会に出場するチームに育てあげた。その写しを手渡してくれた。

**昭和40年春　選抜　決勝**（延長13回）

| | | | | | | | |
|---|---|---|---|---|---|---|---|
| 市和歌山商 | 000 | 100 | 000 | 000 | 0 | 1 | 岡本―土井 |
| 岡山東商 | 001 | 000 | 000 | 000 | 1× | 2 | 平松―宮崎 |

目標　日本一
目的　人格形成
モットー　和　闘魂　礼

野球部十ヶ条

1　素直であれ　以下
2　練習につぐ練習
3　常に研究心を持て
4　闘志を燃やせ
5　縁の下の力持ちになれ
6　責任を完了せよ
7　融和な精神で
8　礼儀正しくあれ
9　教養を高めよ
10　健康に注意せよ

選抜優勝パレード

**その他**

1　人に迷惑をかけるな

2　まわりの人に対して感謝の気持ちを忘れるな

3　自己の限界・可能性に挑戦せよ

4　自分は岡山東商業野球部員である自覚を持て

さらに、試合に臨む心構え、戦術、技術を記した選手心得書が続く。びっしりと、A4用紙に3枚。向井の熱い思いがこもる。それは、戦術、データを駆使しながらも、人間形成に力を入れた、あの野村克也監督の「ノムラの考へ」を思い出させる。向井が伝えた努力は、練習量の多さもさることながら、こんな時に練習するのかという極限を経験させていたことが印象深い。合宿時には、早朝5時、深夜の11時に練習をさせるのだ。ここまでやったという気持ちが、土壇場での強さを生んだのだろう。

## 名将の思い出、もう一つの名勝負

向井には、印象深い試合がある。選抜優勝の翌年の昭和41年、夏の甲子園二回戦、その年に春夏連覇を果たす中京商（現中京大中京）との熱闘だ。強豪相手に気持ちで負けない、闘志いっぱいの戦いぶり。攻守交替時の疾走、投手が丁寧にマウンドにボールを置いて行く姿。観客は、試合だけでなく、岡山東商の選手の態度にも、心を動かされていたと言う。

試合は、先行された岡山東商が追いすがり、突き放され、同点に。また、2点勝ち越されたが、最終回、一死から1点をもぎ取り、さらに、同点の場面を作った。5―4で敗れたが、退場の時、大観衆が敗者に万雷の拍手を送ったのだ。試合後、学校には、数多くの激励、感動、慰めの手紙が寄せられ、生徒会が臨時の新聞を出すほどだった。

向井は、その新聞に、こんな文章を寄稿している。

『深紅の大優勝旗、これをねらっているのは勿論だが、開会式の行進、式典中の態度、あるいは、練習中、試合中のマナー、そのすべてで全国一をねらっているのだ。（中略）「文句をいう暇があればもっと自分を磨け」。今日もまた部員に、この言葉を投げかけながら練習にはげんでいる』と。

**昭和41年夏　甲子園　二回戦**

| | | | | | |
|---|---|---|---|---|---|
| 岡山東商 | 000 | 100 | 201 | ｜4 | 田中―松本・斎藤 |
| 中京商 | 002 | 100 | 02× | ｜5 | 加藤―矢沢 |

## 向井が育てた選手たち

マナーを身に付けた選手たちは、大学からの誘いも多かったと言う。とりわけ、野球部愛、練習常善、部員親和、品位尊重、質素剛健、他人迷惑無用を部訓にする、早稲田の石井藤吉郎監督（当時）は、岡山東商の選手の心構えを高く評価してくれていた。それで、毎年のように良い選手を入学させたいと話していたと言う。自信をもって送り出した林田真人（昭和39年卒）小橋英明（昭和46年卒）は、早稲田でも主将を務め、佐々木富夫（昭和47年卒）も卒業後、社会人野球の朝日生命の監督になったと、向井は目を細めた。

佐々木が主将を務めた昭和46年（1971）夏の甲子園。岡山東商は、準決勝に進出、優勝した桐蔭（神奈川）に逆転負けを喫する。だが、その悔しさ、いやそれ以上に佐々木の胸に残る場面がある。組み合わせ抽選会の出来事だ。

抽選くじを引く主将は、校名がアナウンスされると、返事をし、登壇し、くじを引き、抽選番号を読み上げる。そして、一礼して席に戻る。宿舎でのミーティングで、向井は「今日の佐々木は日本一。ほかの高校の主将と比べて、返事の声、態度、礼がどれも素晴らしかった」そんな言葉で、部員を前にして褒めたのだ。なんでも日本一を目指す姿勢。そこから生まれる力こそ、優勝旗につながることを、向井も部員も持っていたのだ。

## ユニフォームに託した思い

向井は、野球エリートではなかった。県立高梁高校の野球部に所属していたが、選手を借りてきてチームをつくる状況の中、大会後、部員不足で休部に追いやられた経験を持つ。「岡山を代表するチームに」との思いは、高校時代の不完全燃焼を指導者として爆発させる、心意気だったのかもしれない。

## 向井監督から岡本監督に

監督の向井は昭和48年（1973）にコーチの岡本成機を監督にすえ、部長になった。岡本はその年から3年連続で春夏3度の甲子園に導いたが、当時、全盛期の銚子商業と対戦し、2度の1点差負け。さらに、日南にも5―4と初戦の壁が破れなかった。

ようやく、昭和51年（1976）の春、弘前工業に3―2で勝ち、初白星となった。その年の夏は市神港に1―0での敗戦。

昭和53年（1978）の選抜では高知に5―4でまたも1点差負け。新任監督はバトンタッチして、そう簡単に甲子園に行くことは出来ないのだが、聖地での勝利は1勝とはいえ、その手腕がうかがえる。しかも、甲子園で敗れた試合はすべてが1点差だ。だが、名将と呼ばれた向井の後任だけに厳しい声が届いていたことは間違いないだろう。

## 悔しさを晴らす快進撃

そんな悔しさを一気に晴らしたのが、昭和53年の夏だ。サイドハンドのエース藪井憲志―綾野富夫のバッテリーを中心に逆転試合の連続で勝ち上がったのだ。主将で捕手の綾野は「藪井の調子が上向いて、特に選抜準優勝で優勝候補の福井商業戦はベストピッチでコントロールがよかったんです」と話した。

一回戦の取手二高に3―1、そして、二回戦の福井商業戦は1回表に2点を取られたが、2回裏に1点を返した。その後、藪井と板倉の投げ合いで得点は入らず、1点差のまま9

藪井投手

回裏の東商の攻撃になった。一死から武乗、綾野の連打で逆転のランナーが出た。ここから有名なバットチェンジの話になる。バッターは2年の石岡浩己。一球ファウルの後、いきなりベンチに帰り、木製のバットに代えて打席に入ったのだ。詰まってもヒットになる金属から、芯でとらえなければならない難しいバットへの切り替え。だが、県大会から好調の石岡は真ん中高めのボールを左中間にはじき返した。二者が相次いでホームを踏んで劇的なサヨナラ勝ちをした。当時のインタビューで石岡は、なぜ、バットを代えたかは、はっきりと答えていないが「今度は金属でホームランを叩き込みます」と話していた。

劇的なサヨナラ劇の裏に、こんなエピソードがある。逆転のホームを踏んだのは主将の綾野。ホームインしてフィギュアスケーターのように飛び上がって喜びをあらわした。ムードメーカーでもあった彼らしい振る舞いだった。だが、思

サヨナラのホームイン　綾野主将（対福井商）

| | | | | | | |
|---|---|---|---|---|---|---|
| **昭和53年夏　甲子園　二回戦** | | | | | | |
| 福井商 | 200 | 000 | 000 | 2 | 板倉—鰐淵 |
| 岡山東商 | 010 | 000 | 002 | 3 | 薮井—綾野 |

い切って滑り込んだとき、ユニフォームのズボンが大きく破れたのだ。宿舎に帰って「ズボンが破れたので裁縫道具を買いに行かせてください」と恐る恐る監督の岡本に申し出た。いつもはいかめしい顔で接するのだが「新しいのを出すから持ってゆけ」と明るい笑顔で言ったのだそうだ。

名門を率いながら、なかなか結果の出ない針のむしろから解放された気持ちだったのかもしれない。

この夏、三回戦で旭川竜谷に4—2で勝利。石岡は公言通り、ホームランを放っている。準々決勝では強打者、石嶺和彦（阪急）のいた豊見城とぶつかった。先制され、追いつき離されたが、8回裏に3点を追いつく。そして、延長10回、力投する藪井がスクイズを決めて、またもサヨナラ勝ちをした。

この年の快進撃、理由はいろいろあるだろうが、主将の明るさと元気が選手を励ましたのと、二戦を勝って監督も呪縛から解放され

豊見城にサヨナラ勝ちした岡山東商ナイン

**昭和53年夏　甲子園　準々決勝**

| | | | | | | |
|---|---|---|---|---|---|---|
| 豊見城 | 010 | 120 | 010 | 0 | 5 | 神里一石嶺 |
| 岡山東商 | 000 | 200 | 030 | 1 | 6 | 藪井一綾野 |

たように思えるのだ。ただ、この年の躍進から一転して、名門の今までにない苦しい時期がやってくる。

## 岡本成機さんを偲ぶ会

岡本元監督は20年以上、名門岡山東商を率いた。そして、令和4年5月に78歳で亡くなった。令和5年に、その死を悼んでお別れの会が開かれた。そこには、定評のあったノックをする写真や高野連から送られた功績をたたえる盾もおかれていた。東商の監督経験者や教え子、級友らが集まって故人をしのんだ。何人かの話も聞くことができた。1点でも少なく守ることと、試合に集中することを考えていたようだ。ダブルヘッダーの後に1時間のノックを受けた話なども聞けた。

岡本監督の就任は、岡山東商、倉敷工業の二強時代が変わって行く時代だった。特に岡山南が始めた攻撃型野

偲ぶ会で飾られた写真

球や台頭してきた私学が注目され、徐々に東商にとって、選手集めなどが厳しくなっていった。多くのＯＢたちの批判の声を受けいれなくてはならない苦労もあったと想像できる。

平成3年（1991）夏、当時、日の出の勢いの岡山城東をきわどく準決勝で下し、決勝で作陽に勝って14年ぶりの甲子園を決めた。優勝インタビューで岡本は「長い間、選手たちに苦労をかけました」と話した瞬間に言葉が詰まり、人目もはばからず涙を流した。

あれから30年余り、岡山東商のＯＢ会は若返り、運営、スカウティングなどを分担して名門復活に動いている。新勢力の私学が台頭し、せめぎあう岡山で、唯一の全国制覇をした名門がこれからどんな試合を見せてくれるのか、その雄姿を再び見たい。

ブルーの魂　攻撃野球の先駆け

# 岡山県立岡山南高校

甲子園出場　春５回　夏５回

創　　立　明治35年
創　　部　昭和14年
最高成績　春　準決勝（昭和52年·61年）　夏　準々決勝（昭和59年）
主な選手　高畠導宏（南海）川相昌弘（巨人）本間立彦（日ハム）横谷総一（阪神）山根雅仁（広島）野本圭（中日）ほか

【ユニフォームの概要】

岡山県で初めて登場したブルー地のユニフォームは打撃を主体にした新しい野球を感じさせ、鮮烈だった。当時の岡山の二強、倉敷工業、岡山東商と全く違うものにしたいという臼井監督、藤原部長の発案で生まれた。胸に「MINAMI」でなく「OKAYAMA」と表記したのは岡山東商と同じで、岡山の盟主になるとの思いがこもっていると思われる。高野連の規定内だったが、ブルーのユニフォームで「新参者が甲子園で戦うのはどうか」と心配した関係者が二度目の甲子園までは白地で出場させたとの逸話が残る。

## 臼井、藤原　功労者逝く

岡山南野球部の黄金期を作り岡山を代表するチームに育てた二人が、去年から今年にかけて相次いで亡くなった。一人は藤原忠昭、昭和49年から60年まで部長を務めた。もう一人は臼井敏夫、昭和47年から平成3年まで監督を務めた。二人は10年余りコンビを組み、攻撃野球の先駆けとなり、のちに詳しく書くが、あの池田高校のやまびこ打線にもつながった。

高校野球では縁の下の力持ちの部長とチームの強化と戦略を司る監督、この両輪があってこそ成果が出せる。選抜優勝を岡山にもたらした向井監督と近藤部長、倉敷商業を県下トップの安定的なチームにさせた長谷川監督と新谷部長が代表的だ。

藤原元部長に、入院治療の合間に彼の自宅で3時間以上、話を聞けた。臼井元監督には、コロナ禍が続き、電話取材で1時間余り話をうかがった。今では、それがかけがえのない貴重な証言になった。

## 県商と市商

岡山南は二人のコンビができるまで、甲子園が遠かった。その一つの原因が、かつての県商（岡山東商）と市商（岡山南）という歴史的な関係にあった。それは、臼井が話してくれた。先輩格の東に対して、南は後輩だという意識だった。野球部では、東が創設期から強化をはじめ甲子園でも活躍していたことから、自然に自分たちが格下だと思うコンプレックスがあったという。臼井は商業科では二校で総合選抜になっていて、東の野球部志望の生徒が南に振り分けられると、それだけで力が発揮できなくなったとも語った。

二人はまず、その払拭から始めようとした。

臼井監督（右）と藤原部長

## 野球部改革の8つのテーマ

それは従来の野球部のイメージを変えるところから始めた。これまで取り組まなかったことを行う発想の転換だ。以下の8項目を見て欲しい。

・自由闊達にするための女子マネージャーを登用
さわやかなイメージをつくり、応援してくれる空気をつくりだす狙いだった
・百貨店ではなく専門店野球
練習の大半を打撃に費やし、一点突破で全体のレベルを上げる
・上下関係の撤廃　グラウンド整備は全員
壁を取り払うことでチーム一丸になれるようにした
・授業に頑張ることが野球にもつながることを指導
多くの知識を知ることで多様な判断ができるようにする
・練習後の監督・部長とのコミュニケーションを図る
ラーメンを奢って話に花を咲かせるが、出費が大変だった（藤原談）

・他校の監督の話を聞かせる
親交のあった箕島・尾藤監督、池田・蔦監督などを招く
・基礎体力の強化
グラウンド整備用の１・５メートルのトンボを振るトレーニング
・斬新なユニフォームの導入

## ブルーのユニフォーム誕生

岡山南といえばブルーの鮮やかなユニフォームが浮かぶ。それは、改革の一つだった。強豪校が発注する運動具店に東や倉工と全く違うものを考えて欲しいと依頼し、ブルーが採用されたのだ。全国的に見ると神奈川の横浜商業が着用していたが、岡山ではインパクトのある登場だった。

だが、最初の2回の大舞台、昭和52年（１９７７）春の選抜と56年（１９８１）夏の甲子園は、白地のユニフォームで出場した。新参者がブルーで出ると「何か注意されるのでは」と関係者が忖度したことが原因のようだ。まだ創部したばかりのＰＬ学園が、ユニフォームに巨人が付けている高価なマークを使って嫌味を言われた話が残っている。熊本の

名門、熊本工業もグレー地にした時、お偉いさんからの小言を意識して、開会式の入場行進は白地、試合はグレー地で臨んだ逸話も残っている。

## 岡山高校野球の変化

臼井、藤原の二人が岡山南野球部の改革に取り組み始めた頃から岡山高校野球の勢力図が変わって行く。一つは岡山東商で監督・部長を務めた向井正剛の県教育庁への異動だ。これまで、向井の存在で有力な中学生を野球部に送っていた、野球どころ玉野市や岡山市の監督たちが、岡山南に徐々にシフトしていったのだ。新しい野球を標榜する南を応援しようという機運が生まれたのだ。それは、一つの改革の成果だった。昭和52年選抜初出場のエース上原義雄（玉中）、昭和59年夏のエース荒木満（宇野中）はその代表だ。岡山理大附属の登場や関西が安定的に強くなっていくのも、この頃で、逆に東商、倉工は時代をつくった監督の退任でなかなか結果の出せない時代に移っていった。

## 岡山南の時代

臼井、藤原のコンビが初めて甲子園に立ったのは昭和52年（1977）の選抜だった。この大会で南は丸子実業7―4、滝川4―3、丸亀商業には延長14回の末2―1で勝利し、いきなりのベスト4進出だった。

昭和56年（1981）夏は、2年のエース川相昌弘を軸に夏の甲子園初出場。宇都宮学園相手に勝利はならなかったが2度目の甲子園の土を踏んだ。余談だが、筆者にとっての甲子園デビューがこの試合だった。ベテランの中村記者、野球撮影の達人、宮崎カメラマンの荷物持ちだった。新人の年で、前日に企画ニュースを遅くまで編集し、眠い目をこすりながらの甲子園入りだった。

昭和57年（1982）春は初めてブルーのユニフォームで出場し、北海に勝利した。

丸亀商業を延長14回で下す

のちに巨人に入団し内野手として大活躍した川相の甲子園出場は2回で、犠打世界記録を持つ球界を代表する選手になった。川相の岡山南への進学のいきさつが面白い。

## 「近くで見ていきなさい」

中学3年の夏、川相は友人と岡山市の東山に岡山東商の練習を見に行った。自宅のある藤田まで自転車で帰る途中、岡山南が野球の練習をしているのが目に留まり、外野から遠くをのぞき込んでいた。それを見たのが部長の藤原だった。「そんな遠くから見ずに近くで見ていきなさい」とバックネット裏に誘い見学させた。帰り際に、藤原はボールを持たせたという。もし、その一言がなければ岡山の高校野球の歴史は違っていた。人の出会いは不思議だ。

今、新年には川相昌弘杯という少年野球の大会が開かれ、川相も参加して岡山の野球を見守っている。

川相昌弘杯

部長の藤原は選手たちの進路にも気を配った。必ず、就職先の企業に願書を直接渡し、採用してくれるよう挨拶をした。社会人野球に決まっていた選手がプロから指名を受けると、足を運んで会社に詫びを入れた。高校野球は気配りと人脈が欠かせない。岡山南の黄金期には、そんな影の営みもあった。

## 増えるストッキングのライン

岡山南のユニフォームには今、10本のラインが入っている。甲子園の出場回数を表す誇り高い印だ。4回目の出場は昭和58年(1983)横谷総一がエースで一回戦では相可に4―2で勝っている。昭和59年(1984)は左腕の荒木満が巧みな投球で日大山形に7―1、東北に5―2で勝ち準々決勝進出。

3年連続で夏出場の昭和60年(1985)は東海大甲府に敗れ、昭和61年春(1986)は東邦6―3、秋田7―1、上宮6―3と春2回目の準決勝に進出した。加百勝吾と坊西浩嗣のバッテリーで勝ち上がった。主将の竹中学がホームラン2本を打ち、強打が持ち味のチームだった。

残念ながら準決勝で池田に8―2で敗れた。この年の4月に藤原はライバルの岡山東商に異動した。東商は藤原の母校だった。

昭和62年（1987）春は監督臼井の最後の甲子園で、熊本工業と接戦の末5―4で敗れている。平成5年（1993）夏には山根雅仁をエースに修徳と対戦したが2―0と初戦で敗れた。平成9年（1997）春は5―3で光星学院に勝利、二回戦で中京大中京に敗れ、それ以降は甲子園に届いていない。

## 箕島、池田との交流

岡山南の黄金期、和歌山の箕島や徳島の池田との練習試合が組まれていた。

箕島の監督尾藤は岡山南に遠征する意味をこんな風に話していたという。

「ここのグラウンドは学校の中にあって狭いけれど、手入れが行き届いているだろう。専用球場で練習している我々は恵まれているから、もっと頑張らないといけない」。名監

昭和58年夏　マウンド上は横谷

督は、やはり選手の気持ちを整えることに心を砕いている。

池田の監督蔦は新しいものを取り入れる臼井と気があったようだ。蔦は野球だけがうまいことに価値を置く野球部が嫌いだった。「心が出来ていないと、野球は上手くても、人生はよくならない」そんな話を聞かせてくれたことがある。

バットを素振りしても「このコースに来た時には、こう打つ。ここはこうだ」と考えながらスイングしないと、どれだけ多く振ってもダメだとも話した。「それをやった者とそうでない者は、1年間たったら大きな差が出る」とも聞いた記憶がある。蔦は公立高校でありながら、池田にずっと勤務して高校野球を指導した。

転勤はなかったのか、それにはカラクリがあった。池田の全日制と定時制を交互に勤務することで転勤に代えたのだ。

## やまびこ打線の源泉　岡山南

まだ、池田がオーソドックスな野球をしていた頃に、岡山南と練習試合をして打ち負けて大敗した時だった。試合終了後、蔦が臼井に挨拶しに来た。目に留まったのが南の使っていた金属バットだった。「これですか」とそれを見て去ったそうだ。あるメーカーの反発力の強いバットだった。

それ以降、池田のトレーニングが変わった。筋力アップに取り組むメニューがつくられ、強打のチームに変わっていった。昭和57年（1982）夏、早稲田実業の荒木大輔を打ち込み、決勝で広島商業の守りの野球を打ち砕いた「やまびこ打線」。それは、岡山南をヒントに生まれたのだ。

野球イベントの酒席で、夏春連覇した時の池田の中心選手、江上光治にそれを聞いた。江上によると、岡山南が使っていたバットを改良したものを試し打ちした。ただ、通常のバットより重く、何人かの選手しか上手く使えなかったそうだ。そこで、筋力トレーニングが威力を発揮したのだ。

高校野球の都市伝説に、池田はバットの反発力を増すために、バケツに氷水を入れ、そこで金属バットを冷やしてバッターボックスに入ったというものだ。

江上にそれも聞いたが、バットが熱くなるので扇風機で熱をとったとの答えだった。

都市伝説の真偽はともあれ、伝説の高校野球史は岡山南から生まれたことは間違いない。

## 藤原部長のその後

岡山南から岡山東商に異動した藤原は、そこでも野球部長を務めている。ただ、南のように思うように動けなかったと言葉を濁した。実績のある名門野球部だけに様々な注文がついたようだ。台頭する岡山南からの転勤で、怪訝な目で見られたとも話した。だが、彼の存在は甲子園に行けなくなっていた名門に再び聖地に届かせる力になったと話すOBもいた。

平成3年（1991）夏、部長職は離れていたが久々に東商は甲子園に行けたのだ。

その背景には選手の勧誘など藤原の力があったと言う。その後、藤原は倉敷商業の教頭として赴任。在任中の甲子園出場はなかったが、岡山を代表する商業系の高校で尽力した。玉野商業（当時）、琴浦の校長も務めたが、「本当はもっと高校野球の現場にいたかった」と藤原はつぶやいた。入院先から一時帰宅していた時に話を聞くことが出来たが、それが最後の取材になった。

在りし日の藤原部長

## 臼井監督の思い出

おだやかで、にこやかに話す臼井だったが、こと野球となると闘志むき出しで勝負に臨んでいた。岡山南の黄金期は県立普通科校が甲子園に近づいた時代でもあった。そんな中で、いつも待ったをかけたのが臼井の岡山南だった。

県大会決勝では昭和56年夏の玉野、秋の津山、昭和58年夏の朝日、昭和60年夏の玉野、昭和61年秋の大安寺と夢の甲子園や優勝を阻んだ。決勝に至る前の段階でも苦戦しながら、こうした高校に敗れることはめったになかった。

ある試合で負けた普通科校の選手のインタビューを聞いて腹を立てたそうだ。内容は「負けましたけど、明日から勉強に頑張ります」というものだったが、「こっちの選手は高校野球に命をかけてるんだ」と思ったのだ。試合にかける思いが、それほど強く、自分を慕って頑張っている選手を認めていたからこその感情だった。

長くＲＳＫの高校野球中継では、解説を務めてくれた。ある時、長時間の試合になり、若

ノックする臼井監督

干多めの謝礼を振り込むと「いつもより多いから返すよ」と言われ、理由を説明したが頑として受けとってくれなかった。そんな一本気な人でもあった。

一時代を築いた名監督と名部長に心から、この言葉を送りたい。

「ありがとうございました。これからも岡山の高校野球を見守ってください」

（追記）

令和5年（2023）夏の岡山大会、岡山南は二回戦で優勝候補の一角でシード校の創志学園を8―5で破り、見事な勝利を収めた。臼井元監督の葬儀にユニフォーム姿で参列した選手たちが名将に捧げた大金星となった。

近年、苦しい戦いが続いていた岡山南の意地を見た。

# 岡山県立倉敷商業高校

甲子園出場　春４回　夏11回　※中止の代替大会は春に含む

**創　　立**　明治45年
**創　　部**　昭和6年
**最高成績**　春　交流戦1勝（令和２年夏開催）　夏　準々決勝（平成元年・24年）
**主な選手**　星野仙一（中日他）松岡弘（ヤクルト）葛城育郎（オリックス）岡大海（日ハム他）ら

**【ユニフォームの概要】**

紺の胸のマークは広島商業の固い守り、袖のラインは箕島のチャンスに強い打撃をリスペクト。帽子のマークは、絵が得意だった部員の熊代直樹さんが監督に提案し採用されたオリジナル。当初はＫとＣを組み合わせたデザインだったがＫの縦棒とＣの間に線を入れることでKCH（Kurashiki commercial high school）を意味するようにした。今では、倉商全体のシンボルにもなっている。戦後まもなくから様々なデザインで「KURASHO」と表記している。一時期、「KURASHIKI」と表記したが、ライバルの倉敷工業が先に全国区のチームとなり倉敷を代表する誇りから「KURASHIKI」を採用しているため、現在の表記が長く採用されている。

## 倉敷商業　その小史

倉敷商業は昭和の初めに野球部がつくられた。昭和33年（1958）の記念大会は東中国大会がなく、岡山県の優勝校が甲子園に進出できた年で、決勝で西大寺を破り、初めて甲子園の土を踏んだ。星野仙一、松岡弘を擁しながら、その後はなかなか大舞台に手が届かず、若き監督、長谷川登が就任して6年目の昭和54年（1979）夏、久々に聖地に足を踏み入れた。長谷川時代に春夏合わせて7度、教え子森光淳郎の時代に5度、同じく梶山和洋になって交流戦を含み2度、甲子園に出場している。伝統校ではあるが、力を大きく示しだしたのは昭和の終わりから平成、令和。岡山県の公立高校の中では一番安定した力を持ち続けている。それは、33年間、監督をつとめた長谷川の築いた大きな遺産だ。教員になったOBも多く、倉商の精神が形を変えながら、脈々と生き続けている。

甲子園出場のうち、大半が夏の大会だ。これは、選手たちが徐々に力をつけて行く、伝統の表れだろう。

## 監督の成長と共に、完成されて行くユニフォーム

倉敷商業を7度甲子園に導き、平成の名将となった長谷川登。昭和48年（1973）4月、大学卒業後、すぐに母校の監督に就任している。それには事情があった。

倉商は、長らく社会人監督が続いていた。時代が変わる中で、野球だけでなく、勉学、生活などもしっかりと指導できる、教員監督が望まれるようになっていたのだ。26年間野球部長を務めた角田有三が白羽の矢を立てたのが、長谷川だった。社会人野球に行くことを目指していた立命館大学3年の時、突然に、教員免許の取得を要請された。在学中に免許の単位は取りきる時間はなく、長谷川は実習職員として、母校に赴任したのだ。

通信過程で教員になる勉強をしながら、野球部の指導をする日々が、3年間続いた。それと並行して、強くさせるための練習方法を探った。部長の紹介で、当時、怪物と呼ばれた江川卓を倒し、春は準優勝、夏には、固い守りと手堅い攻撃で優勝した広島商業へと足を運んだ。

相手を0点に抑えれば負けないことを目指す、当時の広商野球。長谷川は、それに魅せ

られた。好不調のある打撃は信用せず、堅い守りで粘っていれば流れがくる。それをバントなどで確実に得点に結びつける。我々がマムシとも呼んだ、しぶとく手堅い長谷川野球の原点だ。

同時に、まだ、オーソドックスな野球をしていた池田の蔦監督、東洋大姫路の梅谷監督の指導も参考にしたという。PL、箕島、広陵など強いチームからもアドバイスを受けた。もちろん、OBたちは若き監督を支え、甲子園を期待した。時あたかも、倉敷工業、岡山東商の二強の時代。そんな中で、徐々に倉商は監督も野球部も成長していった。

元監督　長谷川登さん

## 鬼監督、初の甲子園

努力が実ったのは、昭和54年（1979）。夏の県大会初戦で、倉敷工を10―9と振り切り、備前、岡山日大、玉島商を破る。決勝の相手は二強時代に、割り込んでいた岡山南。試合は1―1で迎えた延長11回表。二つのバントでチャンスを拡げた倉商が、一気に4点を奪い勝利した。守りで粘って、チャンスに確実にランナーを送り、点をもぎ取った勝利。倉商にとって、昭和33年（1958）以来の聖地。星野仙一を擁した時代でも行けなかった、夢の実現だった。

初めてあこがれの球場に足を踏み入れたのは、甲子園練習。長谷川は、その喜びを鮮明に覚えていた。「右足から入ったんですよ。うれしかったですね」。初戦では、奈良の桜井に勝利し、初めて倉商の校歌が甲子園に流れた。

甲子園出場を機に、グラウンドの施設が整備され、倉商は名門の地位を固めて行くのだが、次の甲子園までは、6年の時間を要した。長く厳しい鬼監督の指導は、時代が変わり、部員の意識の変化で監督とのずれを生み、それを修正する期間が必要だったのだ。

こんなエピソードを話してくれたOBがいた。練習が始まるとマネージャーがバケツに水を入れ、バックネットの前に並べる。練習の途中で、気合が入らなくなると、それをぶっかけるのだ。昭和のスポーツ根性マンガさながらの光景だ。当時は許された厳しい鬼練習の一コマだったのだろう。

**昭和54年夏　岡山大会　決勝**（延長11回）

| | | | | | | |
|---|---|---|---|---|---|---|
| 倉敷商 | 100 | 000 | 000 | 04 | 5 | 片山―寺岡 |
| 岡山南 | 100 | 000 | 000 | 01 | 2 | 岡―追川 |

倉敷商業の甲子園出場を見てみると、圧倒的に夏が多い。多分、選手たちを鍛え上げることで実力と自信をつけ勝ち上がってゆく野球を象徴している。そして、倉敷市内のライバル校、倉敷工業との面白い話を聞いた。夜9時ごろ、倉工の部員が倉商の練習場のそばを通って帰る時、わざと、照明をつけ、まだ練習をしているように見せるのだ。「こんな遅くまで練習している」と相手を驚かせる作戦だ。そんなせめぎあいが、ともに県立高校ながら、今もチーム力を維持している源泉にあるのだ。

長谷川監督で初の甲子園出場

## 練習ボイコット事件とその後

昭和56年（1981）の秋、2年生部員が練習をボイコットする事件が起きた。練習初めの1時間に及ぶキャッチボールなど、厳しい練習が原因だった。練習の合理性への疑問や練習を無理にやらされているという部員の反抗だった。これを機会に、指導法を見直し、練習の目的をわからせるようにしたとも、長谷川は語った。

就任以来、何度もユニフォームを変えていた長谷川監督。指導者としての迷いがなくなった、昭和57年（1982）今のユニフォームをデザインし、それを倉商は守り続けている。

今、倉敷商業では、1年生は4月に1時間、5月に1時間から2時間、6月からは上級生と同じ時間練習するメニューを実施している。そして、上級生より先に帰宅させるのだという。徐々にチームになじんでもらうためだ。そして、部員間の絆をつくることを大きなテーマにしているという。

関係者から、こんなことをよく聞く。「倉商の野球部の子は、入部した子が3年の最後までやめんのよ」。部員たちの絆の強さを物語る話だ。長谷川は言う。「みんなの居場所をどこかにつくるんですよ。これは、私のあとの森光元監督が、いろいろ考えたんですけどね」と……。倉商は時代に合った練習法と長谷川が築いた魂の野球で、今も高いチーム力を維持しているように思えた。

**平成元年夏　甲子園　1回戦**

| | | | | | |
|---|---|---|---|---|---|
| 倉敷商 | 001 | 000 | 001 | 2 | 竹本―野間 |
| 東邦 | 000 | 100 | 000 | 1 | 山田―原浩 |

## 選抜優勝校から大金星

長谷川野球のベストゲームを聞いた。それは、平成元年（1989）夏の甲子園。選抜優勝校、優勝候補だった東邦を相手に競り勝った大金星の試合だ。

愛知の名門、東邦はのちに中日に行く左腕山田がエースだった。倉商の守りの美学が集約された試合でもあった。抽選会場では選抜優勝校との対戦に選手たちは、のけぞって驚いた。だが、長谷川は「勝つチャンスがある」とミーティングでは説き続けた。

この試合、4回裏、同点にされた後、なおも無死2塁のピンチ。ここで、ランナー山田の離塁が大きいのを見て、捕手の野間が2塁に送球し、タッチアウト。6回裏にも、盗塁を読んでこれを阻止。7回裏には、ランナー1塁からのバントを、ピッチャー竹本がダッシュよく取り、2塁で封殺。8回裏には、ショートの頭上の鋭いライナーを田頭が絶妙のタイミングでジャンピングキャッチ。優勝候補を相手に、こ

田頭のダイビングキャッチ

とごとく、チャンスをつぶしていったのだ。

当時の捕手、野間貴之（岡山県高野連専務理事）は、選手の力だけでなく試合中の長谷川の相手の作戦を読む力も大きかったと語った。「県大会の時も何度も相手の盗塁やバントの作戦を見抜いて指示が来ます。それがことごとく成功するんです」と。この試合でも6回裏に長谷川が2ボールからのバントを見抜き、チャンスが拡がるのを防いだと話した。選手の守りだけでなく倉商野球は、小さな動きを察知するベンチの目が鋭いのだ。接戦に持ち込み粘った9回表、バントで2塁に進んだ野間が、足立のレフト前ヒットでスタート良く生還。これが決勝点になった。

## 星野仙一のユーモアコメント

東邦戦の翌日の新聞、ユーモアたっぷりな中日、星野仙一監督のコメントがあった。

「ウチの母校と接戦になるとは、愛知県のレベルも上がったもんだ。倉商のバント守備は立派。キャンプに来て指導してもらおうかな」と母校への愛情たっぷりのセリ

決勝点となったホームイン
（対東邦戦）

フだ。堅い守りと、ここ一番での打撃。この大会で倉商はベスト８に進み、倉商のユニフォームは輝きを増した。捕手の野間はこうも話した。「今言えますけど、東邦戦で勝ちが見えてから、投手の竹本がガチガチだったんですよ」と笑った。

二回戦の鶴崎工業戦は延長12回の末、サヨナラ勝ちした。これも守りをしっかりと固め、少ないチャンスをものにしての勝利だった。

取材の時、こんなやりとりがあった。教え子でもある梶山監督、伊丹部長との雑談だ。長谷川が「袖には、ライン以外のものをいれるなよ」と話しかけた。それは、袖には何もつけていない、守りの美学の原点、広商のユニフォームにもつながることだと察した。

梶山監督と伊丹部長は、かわるがわる同じことを言った。

「先生が死ぬまで変えられないですよ。いや、死んでも変えられんかも（笑）」

「変えるときは言いますけど、変えられんでしょう（大笑）」

厳しくも優しい倉敷商業野球部ファミリーの姿に、高校野球の一つの理想を見た気がした。

サヨナラ勝ちした鶴崎工業戦

筆記体が残した名勝負

# 岡山県立玉島商業高校

甲子園出場　春1回　夏3回

創　　立　大正15年
創　　部　昭和4年
最高成績　春　2回戦(昭和44年)　夏　準決勝(昭和44年)
主な選手　三宅宅三(毎日)

**【ユニフォームの概要】**

筆記体で「TAMASHO」と記された胸マークは岡山で異彩を放ってきた。昭和40年代の筆記体はTの下部から右に、筆で書いたような線が伸び、その上に筆記体のようなTAMASHOがバラバラに間隔をあけて並べられた特徴的なデザインだった。OBが法政大学に進んでいたことから、法政カラーの紺·オレンジ·白のストッキングが一定期間、採用されていた。昭和44年の夏の甲子園でもこのスタイルで、当時の松枝投手、三宅選手はともに法政大学に進学している。近年、ストッキングは紺色となっている。

## 昭和44年　甲子園の熱い夏

大阪万国博覧会が開かれる半年前、昭和44年（1969）夏の甲子園は例年にも増して燃え上がり、高校野球史の中でもひときわ輝く年になっていた。甲子園のアイドルの先駆けともいえる青森・三沢の太田幸司の登場だった。外国人の母をもつ甘い顔とダイナミックなフォームから繰り出す速球。そして、東北への判官びいきの応援と相まって、三沢への応援は異常なほど高まった。

そして、決勝戦での松山商業との延長18回0―0の再試合はいつまでも色あせない名勝負だ。だが、その大会で岡山のチームが大活躍したのを忘れてはいけない。しかも、準決勝で三沢と接戦を演じ、あわやの場面さえあった。それが玉島商業だった。

## 玉島商業はなぜ強かったのか？

この年、玉島商業は前年の秋の中国大会で優勝し、選抜に出場していた。夏も鳥取と争う東中国大会で二試合を勝ち抜き、甲子園切符をつかんだ。

昭和44年（1969）夏、東中国大会の決勝の相手は岡山東商。3―3の同点に追いつかれたが後半に突き放し5―3での勝利だった。岡山東商か倉敷工業のどちらかが甲子園に行く岡山の二強時代、その壁を破ったのは、どんなチームで、どんな気風を持っていたのだろうか。

話は3年前にさかのぼる。夏の中学野球岡山県大会で玉島西中が14年ぶりの優勝を果たした。その時のメンバーの内、内野の三宅真一、渡辺直治、投手の松枝克幸が揃って玉島商業に進学した。当時の監督は今井泰、玉島で商店を営んでいた。その頃、玉商は社会人監督が代々指導をしていた。今井は3年計画でこの学年を鍛えてゆく。のちの主将となる三宅は「1年生の時から試合に出させるんで、先輩たちの事を思うと監督の意思とはいえ、居心地が悪かった」と話した。

食品を扱っていた今井は、練習中、奥さんがやって来てお酒の配達を頼むと、仕事でいなくなる。選手たちは自分たちだけで練習を続けた。

バッティング練習では、どんどん打ち続け、打ったボールは守っている選手が拾い、外野に置いているバケツに入れて、それが満杯になると打者が替わって打って行く。昭和37年の岡山国体で玉島商業のグラウンドが競技場となり整備が行われ、練習環境は整っていた。

エースとなる松枝は、元々はオーバースローで投げていたが、監督がサイドスローに変えさせた。三宅が言うには、穏やかな顔立ちだが松枝は試合中も闘志満々で、気に障ることがあるとエキサイトしたという。出塁した時に背中に強くタッチされて感情が爆発したことを三宅は覚えていた。そんな強気の性格で、サイドへの転向を拒んでいたが、それを始めると見事にはまった。新チームになってからの試合は、春の選抜に臨むまで26戦23勝2敗1分、松枝は1敗しただけだった。直球に力があり、サイド特有の微妙な変化球が生まれたからだろう。

その勝ち星の中には秋の中国大会での3勝がある。初戦で島根の太田に延長12回2―1で勝利、太田のエースはのちに阪神の中継ぎとして優勝に大きく貢献した福間納だった。準決勝では米子商業に6―0、決勝では広島商業に7―3で勝ち、中国地区の優勝校となった。当然のように翌年春の選抜に出場することになった。

松枝投手と三宅さん（左）

## 異色、奔放なチームカラー

監督の今井はバントを防ぐ超前進守備や、スリーバントなどを用い、ノックの本数は多く、カットプレーなど守備の練習にも力を入れた。外野からの返球はすべて強肩の松枝を経由させる独特のものだった。そして、何よりも選手が監督に自分の意見を言えるチームだった。個性を生かすチーム作りで、それぞれの選手に応じてほめたり、怒ったりする指導者でもあった。三宅は「盗塁をするときはサインでなく自分の判断でさせて欲しい」「打順は2番の方がやり易い」などと伝え、監督はそれを受け入れていた。

高校野球とは思えない、こんなエピソードがある。昭和44年（1969）春の選抜、一回戦で優勝候補になっていた徳島商業と対戦した。2―2の同点で迎えた延長10回裏、玉島商業は一死満塁と攻め立てた。バッターは主将の三宅。「ここで点を取ったらサヨナラ勝ち、ヒーローになってインタビューを受けられる」と考えたそうだ。3ボール1ストライクで、ベンチはスクイズのサインを出した。その時の投球は見逃せばボール、押し出しでサヨナラ勝利だ。だが、三宅はとっさに押し出しではヒーローになれないと、わざとバントを失敗させたのだ。玉島商業は2回目の甲子園で初勝利がかかる大切な場面。そこで、そんな芸当ができるとんでもない度胸だ。

そして、次の球をきっちりとスクイズし、サヨナラ勝ち。見事インタビューを受けることができた。

## 若気の至り　ヘビ皮のベルト

夏の県大会では、岡山東商とともに東中国大会に臨み、鳥取開催だったが岡山勢同士の決勝となり、玉島商業は終盤に地力を発揮して5―3で勝ち、春夏連続の甲子園出場を決めた。

そして、勇躍、大阪での組み合わせ抽選会に臨んだ。抽選会では対戦相手と主将同士が握手をして、報道用の写真を撮る。三宅はそれを知っていて、相手をビビらせたいと思ったそうだ。

対戦校は埼玉の川越工業、当時の写真を見る

握手する三宅主将（右）

と相手校の主将を鋭い目つきでにらんでいる。そして、ベルトはヘビ皮だ。実は、マネージャーが、そのベルトを持っているのを知り、借りていったのだ。若気の至りだが、あとで叱られたそうだ。それを話す三宅は楽しそうだった。主将がそんな風だから、選手も個性派が多かった。

それはともかく、この夏、玉島商業は勝ち上がる。初戦の川越工業には4回裏に先制されたが2年の小野のホームランで逆転し、松枝が好投して2―1。二回戦は一回戦で北海道の三笠を相手にノーヒットノーランを達成した松商学園の大型投手、降旗に10安打を浴びせて、ラッキーボーイ藤九《とおく》稔のホームランも出て、9―1と快勝した。

準々決勝では、のちにヤクルトで活躍する仙台商業の捕手八重樫幸雄に長打を打たれ、2度リードされながら4回裏、一死満塁からスクイズで同点に追いつき、二回戦の殊勲者、藤九がまたも三塁打を放ち2点を追加して逆転。結局、12安打を放って7―2で勝ち、準

松商学園から得点を奪う

決勝進出を決めた。当時、岡山勢が夏の甲子園で準決勝に進んだのは倉敷工業以来、２校目のことだった。

玉島の街は、この快進撃に大勢のファンが応援バスなどで甲子園に駆けつけた。倉敷市玉島地区の人口の10分の１の５０００人もがアルプスタンドを埋めた。当時の新聞を見ると、70歳の今井監督のお母さんが応援に駆け付け、バイクで玉島から4時間をかけて応援にいった男性の話が記事になっている。玉島、浅口地区の県議、市議、選手の町内会の人たちでスタンドはあふれ、まさにお祭り騒ぎだった。

## 準決勝　三沢との対決

準決勝は玉島商業─三沢、松山商業─若狭（福井）の組み合わせになった。

応援団募集のチラシ

**昭和44年夏　甲子園　準々決勝**

| | | | | | |
|---|---|---|---|---|---|
| 仙台商業 | 100 | 100 | 000 | 2 | 大友─八重樫 |
| 玉島商業 | 010 | 300 | 30× | 7 | 松枝─川口 |

決勝戦進出を狙う玉商にとって三沢は嫌な相手だった。なにしろ、太田人気で日本中が沸き返っていた。太田を見ようと甲子園の入場口は人の波となって、なかなか自分たちも球場に入れなかったと三宅は話す。

試合が始まると、玉商応援団以外は三沢に声援を送った。そんな異様な空気の中で、松枝と太田が好投し、0―0が5回裏まで続く。6回表、三沢の1番八重沢が三塁打を放つ。2番小比類巻に松枝は四球を与えるが、これがキャッチャーのミスでパスボールとなり先制されてしまった。これが災いした。気の強い松枝がイライラし、三宅は落ち着くように、となだめたのを覚えている。この動揺で松枝は3連打を許し、3―0となってしまった。並のチームならここで気持ちがなえるのかもしれないが、奔放で強気なチームは意地を見せる。

6回裏、エラーで出塁した1番三宅真を3番の川口のヒットで1点を返した。7回8回は無得点で最終回。一死から6番小野が球威の落ちてきた太田から二塁打、けん制悪送球で3塁に進み、ワイルドピッチで1点をとり、あと一点で同点だ。太田は1点差に迫られ、玉商の気迫に押されていた。

太田投手　©共同通信

9回裏二死ランナーなしだが、今大会ホームランやタイムリーを放ち、流れを変える男、8番の藤九が打席に入った。玉商応援団は奇跡を信じていた。藤九の渾身の一打は快音を残してライトの頭上を襲う。抜ければ二塁打、三塁打か……同点のチャンスだ。歓声が沸いた。だが、ライト立花のファインプレーで試合は終わった。

この試合の前、玉島商業のOBの偵察部隊が太田は5回までは、ほとんど直球だとミーティングで伝えられていた。だが、序盤から太田はカーブ主体の投球をしてきた。強打の玉商を警戒して、力で押すのではなく、打たせて取る投球をしたのだ。太田は試合後、そんなことを言い残している。その食い違いは玉商の打線が火を噴くのを遅らせてしまったのかもしれない。

そして、6回表、パスボールがなければ松枝が3失点をすることもなく、決勝進出を果たしていたかもしれないと思う。

もしもは、考えても仕方ないが、この年の玉島商業は優勝する力を持っていた。

**昭和44年夏　甲子園　準決勝**

| | | | | | |
|---|---|---|---|---|---|
| 三沢 | 000 | 003 | 000 | 3 | 太田―小比類巻 |
| 玉島商業 | 000 | 001 | 001 | 2 | 松枝―川口 |

そうであれば、松山商業と三沢の延長18回再試合はなかったことになる。確かに言えることは、昭和44年夏の玉島商業は岡山の球史に残る、異色で奔放なグッドルーザーだった。

## 玉島商業その後　若き日の名将

熱狂の夏から5年、昭和49年（1974）夏、玉島商業は3回目の夏の甲子園への出場を果たした。のちに早稲田に進み、高校野球の監督をつとめる、2年生の西広成投手を軸に聖地にたどり着いたのだ。

岡山球界はその後、岡山南が台頭し、岡山理大附属が現れ、関西が復活する。その中で、岡山東商、倉敷工業、そして、玉島商業も甲子園に届かなくなっていく。ただ、玉商は強力とは言えないが、夏の決勝戦には何度も顔を出している。伝統校の持つ経験なのだろうか、時に不思議な力を発揮するのだ。決勝進出は昭和51年、52年、55年、平成6年、21年と5回にも及ぶ。中でも惜しかったのが、平成6年（1994）だった。

## ノーシードからの決勝戦

この年、玉島商業はノーシードだった。エースと呼べる主戦投手が故障などでおらず、急遽、軟投派の土谷を軸に据えて夏の大会に臨んだ。サイドスロー気味の投げ方でコントロールは良いが球速はなかった。だが、それが相手打線を凡打に仕留めていった。そして、「下級生が力をつけレギュラーに入り戦力が整った」と、当時の主将若狭弘和は話す。若狭は双子で弟の啓二と共に1年生からレギュラーで二遊間を守って話題となっていた。

和気閑谷8—3、矢掛商10—0、金光学園3—2、作陽4—2と破り、準決勝では玉野光南に7—1で勝ち、あれよあれよという間に決勝進出をした。この時の監督はのちに玉野光南で3度甲子園に導く萱勝。教員生活4年目で、赴任した時に入学してきた若狭たちを軸にチーム

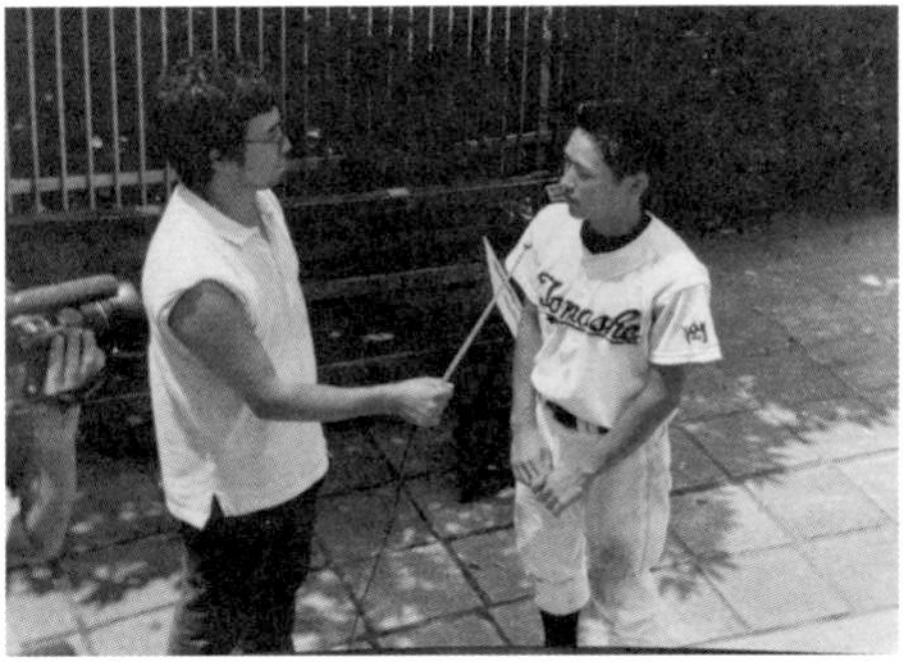

インタビューを受ける若狭主将

を作ってきた。当時は部員も少なく、倉敷商業には当然のように大敗した。倉商の長谷川登監督に教えを乞いにいったが、最初の練習の見学では「一言も話してくれなかった」と萱は苦笑いした。

平成6年夏の決勝の相手は角田篤敏監督が就任して復活してきた関西。エースは2年の左腕で評判の高い、のちに広島に行く吉年滝徳だった。下馬評は関西有利。だが、意外な試合展開となった。なんと、玉島商業がなぜか3点をとって、6回終了時点で3—0とリードしたのだ。スタンドも久しぶりの甲子園が見えたと期待を高め、優勝パレードをやろうと言いだす人もいたようだ。

監督の萱は夏の大会に向け、守備を固めるために2年生二人を抜擢してレギュラーに入れた。それは、決勝まで進む力となっていた。そのため、本来はセカンドの主将若狭をファーストにコンバートしていた。これが決勝戦で試合の行方を決めるプレーにつながってしまう。

## 悪夢の7回表

主将の若狭はその場面を鮮明に覚えていた。この回、先頭の関西4番の原田が振り逃げで出塁した。続く大本のエンドランは三塁の前に小飛球となったがサードが取れず無死1・2塁のピンチになった。ここで6番の堀口が送りバント出来ず、原田が3塁封殺で一死2塁に。ここでピンチを切り抜けたと思ったが、改めて堀口がヒットを放ち、一死1・3塁になった。3―0の場面、ゴロが内野に転がった時、どうするのかが試合を左右するが、果たしてどうなったか。

7番吉年はファーストゴロ、急造のファースト、主将の若狭は、ランナーが残るかもしれないが、得点は許さない三塁ランナーの本塁封殺を狙った。そして、キャッチ

無念の準優勝

**平成6年　夏の県大会　決勝**

| | | | | | |
|---|---|---|---|---|---|
| 関西 | 000 | 000 | 703 | 10 | 吉年一原田 |
| 玉島商業 | 000 | 210 | 000 | 3 | 土谷・阿部一大藤 |

ャーに送球した。だが、投げた瞬間に「あっ！」と思うような暴投となり1点を許してしまった。強敵の関西相手だけに、3点のリードのまま最終盤を迎えたいという思いだっただろう。急造のファーストで勘が狂ったのか、若狭はそれを嘆いた。「大事な場面で内野ゴロが来た時に、どうするのかをはっきりしておけば……」と若狭は話したが球運がなかったといえるのだろう。このあと、チームは落ち着きを無くし、一気に7点を奪われた。決定的な大量失点で勝負は決まった。

若狭は話した。「この試合のビデオを萱先生は大事な試合の前に見て、臨むようになったそうです」と。萱監督に聞くと、やはりそうだった。試合の隘路となるポイントで、いかにプレーをするかを確認する、意思統一をすることを若狭は思ったと言う。萱も同じ思いではなかっただろうか。

そして、この試合は若き選手と監督のその後の大きな糧となっていった。若狭は岡山商科大学に進み、明治神宮大会に出場するなど大学野球で活躍をした。

萱も3度玉野光南を甲子園に導き、4勝をあげた。敗戦は悔しい。だが、野球人を育てるのだ。玉島商業の活躍を、これからも期待したい。

甲子園出場と豪打の伝説

# 岡山県立水島工業高校

甲子園出場　夏１回（昭和52年）

創　　立　昭和37年
創　　部　昭和38年
最高成績　春　県大会優勝（昭和53年）　夏　県大会優勝（昭和52年）
主な選手　佐々木誠（南海·ダイエー）

【ユニフォームの概要】

濃紺で胸に「MIZUSHIMA」をアーチ状に配したデザインはシンプルながら洗練されている。上記の写真の時代の字体は広島商業などで採用されているものに似ているが字体は細めでシャープさがあり、美しさを感じさせる。甲子園出場時の昭和52年は袖やパンツにラインが入り、白地で左袖には黄色で校章があしらわれていた。左袖の校章は色を変えながらユニフォームを引き締める存在として今も付けられている。甲子園出場時にはストッキングは白地で二本の線が入れられていたが、近年は紺色に白の三本線になっている。

## 水島工業と倉敷工業

水島工業は倉敷市の中心部から少し離れた西阿知に昭和37年（1962）に創立された。水島コンビナートがつくられて発展する中で中堅の技術者養成が急務となる時代背景があった。直線距離で3キロ余り離れた場所には戦前に創立された倉敷工業がある。ほぼ同じエリアに2つの工業高校があることは、倉敷の工業生産力の大きさを示すものだ。両校は兄弟校的な存在だが、その分ライバル心も生まれる。クラブ活動では定期戦が行われ、野球部はそのメインイベントとして白熱していた。

倉敷工業は水島工業の創設時には、岡山を代表する高校野球のチームになっていた。水工はそれに追いつけ追い越せと活動を続けたことは想像がつく。ただ、同じ学区である工業高校で同じ学科に志望すると合格しても総合選抜で、どちらに振り分けられるかわからない。そんな制度のいたずらが水島工業の唯一の甲子園出場につながったことを知る人は少ない。

## 倉工に行けなかった主将

昭和52年（1977）夏、水島工業は前評判を覆して県大会で優勝し、甲子園切符を勝ち取った。その時の主将は宮尾稔、倉敷工業の名将、小沢馨に声をかけられ名門でプレーすることを望んでいた。玉島出身の宮尾は地元の中学の野球部仲間が玉島商業に大勢進む中で、倉工を目指した。機械科で勉強したかったからだ。高校には合格はしたが、残念なことに水島工業に振り分けられてしまう。がっかりして小沢監督をたずねると、意外な言葉が返ってきた。「倉工に入れないのは残念だが、水工は甲子園に行けるぞ。一緒に入る投手がいいから頑張れ」と言われたのだ。その投手がのちにエースとなる左腕の細川譲治だった。倉敷一中を中学野球の県大会で春夏ともに準決勝まで進ませた投手だった。

宮尾はファースト、細川はエースとして2年の秋には県大会で岡山東商、倉敷工業に勝利して中国大会に進出するまでになった。小沢の言葉通り県内でも上位のチームになっていった。そこでは、準々決勝で米子東に再試合の末敗れた。その中国大会で県大会優勝の岡山南が活躍し、翌年の選抜に出場し、甲子園でも初出場ながら準決勝に進んだ。この明暗が水島工業の夏の活躍のエネルギーに変わっていった。

## 昭和52年夏　戦国の岡山大会

この頃は岡山の高校野球界の地図が大きく変わってきた時代だった。倉敷工業の監督小沢がやめ、ライバル岡山東商の監督だった向井正剛が県教委に異動し、長く続いた倉工─岡山東の二強体制が崩れていったのだ。攻撃野球で岡山南が台頭し、古豪玉島商業も復活し、関西や理大附属の私学勢も加わり、各校に大舞台へのチャンスが開き始めていた。

水島工業は、この夏の大会で第三シード、第一シードが岡山東商、第二シードが岡山南だった。二回戦から登場し、児島第一に4─2、三回戦玉野に7─4、準々決勝津山に5─1、準決勝では選抜ベスト4の岡山南を1─0で下し、決勝に進んだ。エース細川の頭脳的な投球で大量失点を許さず、勝ち上がっている。チームの平均打率は2割2分の低さながら、少ないチャンスをものにするしぶとさがあった。

甲子園出場時の水島工業ナイン

決勝の相手は3年前に甲子園に出場していた玉島商業。主将の宮尾にとっては中学時代の仲間がいるチームだった。水工の細川、玉商の大島の両投手はそれぞれ決勝まで5連投と6連投という今では考えられない登板状態だったが、6回までは0行進の投手戦になった。水工は7回裏に1点を先取したが8回表、玉商が同点に追いつき、延長戦にもつれこんだ。玉商の大島は決勝を含めて6試合、3度の延長戦もすべて投げぬき、決勝で1点を取られるまで37イニング2／3の無失点という記録的な快投をみせていた。

甲子園出場の立て役者エース細川

## 激闘の最後とその夜の出来事

延長10回裏、水工はラストバッター岡本からの攻撃で疲れの見える大島から四球を得て、続く山平のバントがピッチャー大島へのゴロ。不運にも1塁への送球が打者走者にあたり、無死1・2塁になってしまう。玉商は2番宮尾を敬遠して満塁策をとった。この項は水島工業をテーマに書いているが疲れの中で奮闘する玉商の大島に心が動かされる。大島は渾身の投球で3番小西、4番酒井を連続三振。最後の力を振り絞った。手に汗を握るギリギリの戦いだ。二死満塁となりバッターは、皮肉なことに同じくフルイニング5試合を投げ切ってきた細川。力投するエース同士が向かい合う残酷な場面だった。1ボール1ストライクから細川はセンター前にはじき返して、水工がサヨナラ勝ちで初めての甲子園切符をつかみとった。名門倉敷工業に進めず「いい投手が入るから水工で甲子園に行ける」と予言した名将小沢の言葉から2年半、それが現実のものになった。不思議なことに小沢は宮尾が入学した年の昭和50年秋の大会を最後に、母校倉工の監督を辞めている。

劇的な試合の夜、玉島の自宅にいた水島工業の主将宮尾に高校生がたずねてきた。藤井健司、敗れた玉島商業のセンターで2番の選手だ。彼は中学時代、宮尾の野球部の同級生だった。悔しすぎる敗戦の余韻が冷めぬうちにたずねたのは、彼に甲子園で頑張ってもらいたいという思いだったようだ。藤井の兄が3年前に甲子園に出場した経験を話してくれたそうだ。大舞台に立つ、かつての仲間にそれを伝えようとしたのだ。宮尾は四十数年たった今も、そのことを覚えていた。勝者と敗者、だがそこには野球を必死にやってきた

**昭和52年夏　岡山大会　決勝**（延長10回）

| | | | | | | | |
|---|---|---|---|---|---|---|---|
| 玉島商業 | 000 | 000 | 010 | 0 | 1 | | 大島ー木下 |
| 水島工業 | 000 | 000 | 100 | 1 | 2 | | 細川ー田中 |

ものだからわかる思いがある。

## 豊見城全盛期　甲子園の無念

身長169センチ、60キロの華奢な左腕、細川の奮闘で甲子園に出場した水島工業だが、そこでは初出場の洗礼を受けている。沖縄の野球を変えたと言われる監督、栽弘義が率いる豊見城の強打に圧倒された。県大会をフルイニング投げたエースが、やはり本調子ではなかった。豊見城打線に撃ち込まれ9―2で敗れた。

豊見城のバッテリーは3年のエース下地勝治（広島）と2年の捕手石嶺和彦のコンビだった。捕手の田中正一は試合の後、宮尾に悔しそうに話した。「向こうのバッターは、ナイスボールと言いながらスイングしていた」と。万全のコンディションでエースに投げさせたかった、そんな思いがこもる言葉だ。エースの細川は水島工業OB会の会長として人望を集め活動していたが、2年前に亡くなった。県

入場行進する水島工業

大会決勝戦のエース同士の最後の場面、そして、悔しかった甲子園の思いを聞きたかった。

## 豪打の記憶　佐々木誠

水島工業野球部OBで忘れられないのが、南海からダイエーに球団名が移り変わる中で強打者として活躍した外野手佐々木誠だ。16年間のプロ生活で首位打者1回、盗塁王2回、ベストナイン6回、ゴールデングラブ賞4回の岡山が誇るべき名選手だ。通算1599安打、170本塁打を残している。西武、阪神を経て引退するが、その後、アメリカの独立リーグやセガサミー、NTT西日本で社会人野球の監督も経験した。ベイスターズで活躍する佐野恵太（広陵→明治）は甥にあたり、彼も佐々木と同じく首位打者に輝いている。

水島工業の挟殺プレー　豊見城戦

そんな大選手の高校時代の思い出を佐々木に聞いた。現役の時は投手を務め、3年生の夏のシード権を決める八校選抜では優勝をしている。この大会の決勝ではホームランと二塁打を放ち、二刀流での奮闘で岡山南との乱打戦を制している。「当時、僕の世代にいい投手がいなくて、それでピッチャーをやらされたんです。野手でプロを目指してたんですけど」と事情を話してくれた。佐々木が3年時は前年の夏、やまびこ打線の池田が全国優勝し、その年も水野雅仁（巨人）や江上光治（早稲田→日本生命）が残り、夏の二連覇を目指していた。その池田が招待試合で岡山に来て、水島工業も対戦した。

その時の試合を見たのだが、池田は持ち前の強打で佐々木を打ち崩した。実に14点を奪われている。ホームラン3本、長打5本を浴び「ぼろぼろに打たれましたね」と苦笑した。それでも、その試合を投げ切っている。

余談になるが、池田の水野は岡山市に親類がいて、徳島から岡山南へ入学するプランが水面下で動いていたそうだ。その受け入れ態勢が決まらず、実現しなかったが、もし、岡山南に水野がいたらどうだっただろうか。その年、横谷総一を擁して岡山南は甲子園出場をしているが、ここに水野がいたとしたら岡山の高校野球の歴史は変わっていたかもしれない。そして、やまびこ打線も少し変わったものになっていただろう。

## 強打の佐々木　最後の夏

佐々木の最後の夏の岡山大会はシードで二回戦からの登場だった。ところが初戦に1―0で興陽に敗れ、あっけない高校野球の終わりになった。「なぜか点が取れなくて、負けてしまいました」と実にあっさりとした話しぶりだった。高校野球はプロでの大活躍につながる通過点だったのだろう。

佐々木は社会人野球で過ごした経験からアマチュア野球での指導に興味を持ち、平成30年（2018）から鹿児島城西高校の野球部監督となった。「2年半で野球を教えるのは難しい」とプロの最高峰のレベルを経験した監督はそんな悩みを明かしたが、さすがに結果を出している。令和元年（2019）秋の九州大会で準決勝に進出して、選抜出場を決めている。残念ながらコロナで選抜は中止となったが、夏に行われた交流試合で甲子園の土を踏んでいる。令和5年（2023）の春の県大会でも優勝し、その指導力をいかんなく発揮している。

鹿児島城西　佐々木監督

©スポーツニッポン

# 2

# 私学の雄の輝き

岡山最古の野球部　名門　激闘史

# 関西高校

甲子園出場　春12回　夏9回

創　立　明治20年
創　部　明治28年
最高成績　春　準決勝（平成7年、14年）　夏　準決勝（平成23年）
主な選手　森安敏明（東映）大杉勝男（ヤクルト）松岡大吾（ヤクルト）吉年滝徳（広島）上田剛（ヤクルト）ダース・ローマシュ匡（日ハム）小郷裕哉（楽天）ら

**【ユニフォームの概要】**

戦後すぐには「KANSAI」と表記していたこともあったが、長くZの端が直角に折れた字体の「KANZEI」を胸に付けてきた。昭和50年代後半、当時の松原監督の出身校、明治カラー紫紺が採用され、左袖に関西の校訓「敢為（敢えて為す）」のシンボル「鷲」のマークが付けられた。関西を甲子園常連校に育ててゆく角田監督の就任後、濃紺に変わり、Eの端が直角に曲がる字体になり、袖に校章が付けられた。以降、それが定着、甲子園で何度も名勝負を繰り広げた。岡山県で唯一の男子校の力強さを感じさせる剛直なユニフォームだ。

## 関西野球部　小史

関西の野球部は明治28年（1895）の創部で岡山の高校野球チームの中で最も古い歴史を持つ。アメリカに留学していた教諭の安部磯雄が立ち上げ、安部はのちに早稲田大学野球部の初代部長となり学生野球の父とも呼ばれる。戦前から活発な活動が行われたが、全国大会への広島勢の壁は厚く甲子園には届かなかった。

昭和23年（1948）夏、県大会の上位校、岡山4校・鳥取2校・島根2校の8校が争う東中国大会で倉吉一、松江一、決勝で倉敷工に勝ち、初めての甲子園出場を決めた。岡山勢は戦前、岡山一中が大正期の鳴尾球場時代に夏の全国大会に出場しているが、まだ甲子園は出来ておらず、関西は甲子園で戦った岡山で最初のチームとなった。そこでも、石巻、天王寺に勝ち準々決勝に進んだ。翌年の春には岡山勢として初めて選抜に出場したが初戦で中西太のいた高松一に敗れている。

安部磯雄

その後は、昭和35年（１９６０）に選抜に出場したが、森安敏明、大杉勝男などの名選手を生み出したものの、昭和57年（１９８２）夏に甲子園に進むまで大舞台には届いていない。

昭和62年（１９８７）夏に主将、江浦茂（関西元監督）の時代に服部与人監督で甲子園ベスト8。平成2年（１９９０）に角田篤敏が監督になり、春夏6回の甲子園出場し、選抜ベスト4が2回と甲子園常連校に押し上げ、全国区の存在にした。角田は沖縄尚学時代を含め、８回の甲子園出場を果たしているが、すべての大会で初戦を勝つ稀有な記録を残している。

平成14年（２００２）秋から江浦茂が監督となり16年間で春夏10回の甲子園出場を果たした。平成17年（２００５）春から5期連続で聖地へ進んでおり、これは岡山勢の記録である。平成19年（２００７）春のベスト8、平成23年（２０１１）夏のベスト4進出が記憶に残る。平成18年（２００６）春の早稲田実業との引き分け試合、その再試合は選抜史上に残るドラマチックな展開、今でも高校野球ファンの語り草となっている。

関西（左端）が初出場した甲子園。
昭和23年8月13日　©山陽新聞

## 古豪の復活　その時代

長い歴史を持つ関西の野球部だが、甲子園の常連校となっていったのは平成の初めからだ。台頭してゆく時代から詳しく書いてみたい。それは、平成2年（1990）角田篤敏の監督就任から始まった。当時は硬式少年野球チームが多く誕生する時代で、関西のOBたちも指導に当たっていた。そんな人脈などを生かして選手が集まり、角田が鍛えあげた。

今、関西の監督を務める藤井裕は軟式出身だったが平成5年春（1993）の選抜出場時の捕手で主将だった。そのころの練習を振り返って「よくアメとムチと言いますけど、ムチが9割でアメは1割でしたね」と大笑いした。練習時間も長いが、誉め言葉はなく、監督の指導が厳しいのだ。練習が終わるとやっと監督の笑顔が出る。それが唯一の慰めだったと話した。練習が厳しくてグラウンドから外に出てのランニ

江浦監督

角田監督

ングで、そのまま家に帰ってしまい、監督の家まで長距離を歩いて謝りに行った思い出も話してくれた。ヤンチャ盛りで血気盛んな男子校の選手たちが羽目を外さないようにするためにも「練習中は苦虫をかみつぶした顔をしなければいけなかった」と角田は話した。

そんな監督が公式戦になると、怒らなくなったそうだ。藤井は「だから公式戦は天国なんです」と話した。そして、関西は平成4年（1992）秋の大会で勝ち進んだ。県大会初戦の倉敷商業戦は6―1とリードされていたが角田は怒るでもなく「ボチボチ行こうか」とつぶやくだけだった。叱咤されると思っていた選手はその落差で力が抜けたのか8―7で逆転勝ちして勢いに乗った。岡山理大附属2―0、岡山南3―2、そして津山工業に7―1で勝ち、優勝したのだ。

選抜への関門、中国大会では初戦で防府商業に5―1で勝ち、準決勝鳥取西には延長10回4―3で辛うじて逃げ切り選抜に当確ランプを点けた。10回裏の守りで2塁に同点のランナーを置いて三遊間にボテボテのゴロが転がり、ショートとサードが交錯しボールを誰が処理するかギリギリのプレーになった。選手たちはとっさの判断で3塁をオー

平成4年秋の県大会優勝メンバー

バーランしているランナーをサードで封殺し、ゲームを終わらせた。このプレーで勝利をつかみ、翌年の選抜への出場を確実にした。関西が全国区のチームとして輝き始める大きな一歩となる試合だった。これ以降、やんちゃ軍団を厳しい練習と少しの笑顔で鍛える角田の努力が大きく花開く。角田率いる関西の最初の甲子園は、一回戦で金沢に勝ち、二回戦で接戦の末、鹿児島実業に敗れた。

## 監督の発破で夏の甲子園つかむ

角田監督時代、最初の選抜のメンバーで2年時はファースト、翌年の平成6年（1994）夏、3年の時には捕手として甲子園に進んだ原田朋隆は言う。藤井と同じように「アメとムチの使い方が上手で、きついな思っているときに笑わせたりして、選手の気持ちを掴むのが上手かったです」と話した。藤井と同じように「公式戦になると厳しいことを言わなくなるので、天国でした」と話した。

そんな角田が一度だけ、公式戦の最中にカミナリを落とし、肝を冷やしたことがあったそうだ。原田が3年の夏の県大会初戦、対戦相手は岡山朝日。6回まで2―1とリードを許してしまった。2年の左腕エース吉年滝徳（広島）を中心にチームを作り、当然、大舞台を目指していた。初戦の固さなのか、相手を軽く見たのか、しまらない試合をしていた。6回終了時にベンチで「もう知らん」と発破をかけられ、あとは監督が黙り込んでしまった。9回に追いつき、延長戦の末、3―2で辛うじて勝ち上がった。報道陣にはリップサービスもして饒舌になる角田が、試合が終わると球場の控室のドアを締め切り、取材をシャットアウトして選手たちを怒鳴り上げた。手元にあるものを壁に投げるなど、これまでに見たこともない剣幕だったそうだ。

最後の夏らしからぬ選手のプレーや気持ちが許せなかったのだろうか。原田は「あのおかげでチームに活が入って、優勝できました」と振り返った。その夏の甲子園は八戸に勝利し、全国優勝した佐賀商業に敗れた。

角田監督と原田選手

## 珍事　魔の八校選抜

面白い話も聞くことが出来た。平成6年（1994）の夏の大会前にシード校を決めるために行われていた八校選抜大会があった。勝ち進むとシード権が得られるが、関係者には「八校選抜の優勝校は甲子園に行けない」と言われ、もちろん例外はあるのだが、そのジンクスが知れ渡っていた。

その年の八校選抜はともに甲子園を狙う関西と岡山理大附属の決勝になった。春の県大会でもこの二校が決勝を戦い7―5で関西が優勝していた。この試合、関西も理大附も何人かの主力選手をベンチに置いて、控え選手たちが多く出て戦った。新戦力を試すような決勝だった。主力選手の原田も休養でベンチに入らずスタンドで応援した。お互い手探りのような戦いは理大附が10―4で勝利した。

甲子園をかけた夏の決勝は関西と玉島商業が勝ち上がり、関西が甲子園出場を決めた。やはり魔の八校選抜なのか、理大附は準々決勝で玉野光南に接戦の末に敗れている。聖地への道は実力、運、そして、駆け引き。一発勝負のトーナメントの怖さがいつもある。

吉年投手

## 選抜の鬼　角田監督

角田監督の手腕で特徴的なのは新チームになってチーム力をまとめるのが巧みだったことだろうか。「僕は体力的なことも含めて夏が苦手だったですね」。現在、玉野商工の監督を務める角田が苦笑いした。「夏は暑さで采配や勘ももう一つだった」と続けた。

選抜に強かったのは、新チームになってすぐから、選手を前期、後期に分けて負荷をかけると、気候が良くなる秋に一気に選手が伸びるのだと言う。選抜につながる秋の大会での成績は見事で、中国大会出場7回で優勝1回、準優勝3回、準決勝1回。初戦負けは1度だけだ。4度の選抜出場ではベスト4に2度、進んでいる。

最初のベスト4は平成7年（1995）春。

日南学園戦

**平成7年　選抜　準々決勝**

| | | | | | |
|---|---|---|---|---|---|
| 日南学園 | 000 | 000 | 010 | 1 | 坂元一高野 |
| 関西 | 000 | 100 | 03× | 4 | 吉年一江草 |

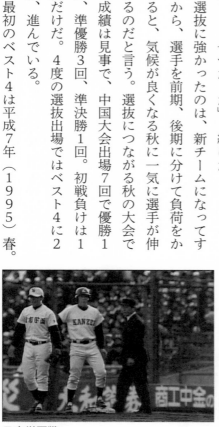

阪神淡路大震災で開催が危ぶまれた年だった。左腕のエース吉年が3年になり、ショートで3番高橋貴寛、ライトで4番の高森雅人が好調だった。下位ながらファーストで8番の守安基弘も上位につなげる打線で、一回戦清陵情報に10―2、二回戦報徳に9―2、準々決勝では日南学園と対戦し、4―1で勝ち、関西の野球部史上、春夏通じて初めてのベスト4に入った。

ただ、準決勝の観音寺中央戦では吉年が打たれて早々に降板、5回まで7―4と攻撃陣が踏ん張ったが、リリーフ陣が打たれ、13―6で敗退した。

思わぬ大差になったが、それには理由があった。実は準々決勝の前夜に角田は吉年の肩の状態をみて、ミーティングで選手たちに確認していた。

「日南に勝てば、先輩たちが行けなかったベスト4になる。その代わり、勝つためには、エースの肩に負担がかかる変化球を多投しなければならない。それなら準決勝に進めるが、決勝をかけた試合では、勝てなくなる。それでいいか」と。選手もエースも一戦必勝で、それを望んだが、準決勝では力尽きた。

## 上手く行き過ぎた　心に隙？

角田の選抜での成績は、4回の出場で8勝4敗と高い勝率を誇る。そして、2度目のベスト4は、報道陣も監督も残念だと思う意外な敗退だった。この年は宮本賢—萬浪鉄平のバッテリーが中心で、エースの落ち着いたプレート裁きとしぶとい打線が持ち味だった。

一回戦は強豪中の強豪、智辯和歌山に3回表に2点を先制されたもののその裏に一気に3点を奪い逆転。徐々に点差を広げて完勝した。

二回戦は九州の優勝校、九州学院で1回裏に1点を先制されたが、その後、小刻みに点を重ね5—1で勝利した。

準々決勝は四国の優勝校、尽誠。決勝進出には、この試合がポイントだと角田は考えて

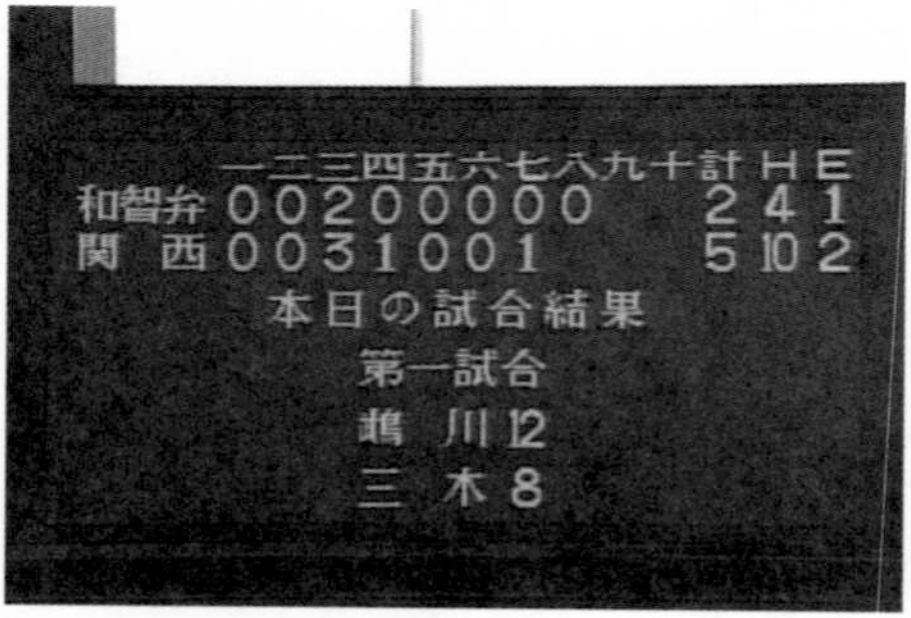

強豪智辯和歌山に快勝

**平成14年　選抜　一回戦**

| | | | | | |
|---|---|---|---|---|---|
| 智辯和歌山 | 002 | 000 | 000 | 2 | 田林・木林・上野祐—岡崎 |
| 関西 | 003 | 100 | 12× | 7 | 宮本—萬浪 |

いた。準決勝、決勝に備えるため点差をつけて、エース宮本を休ませる試合をしたかったのだ。この試合を含め甲子園で3度対戦した両校だったが、この試合で角田は尽誠のエース井上敦之の投球のクセを見抜いていた。

　監督の思いと作戦指示に応えるよう関西打線は猛打を振るった。5回までに5—0、6回には一気に5点を追加し、先発全員安打で早々と勝負を決めた。大差がついて、思惑通りエースを中盤で降板させ、予定通り休ませることができた。リリーフの2年森本貴樹も落ちついた投球で1点しか許さず、悠々と準決勝進出を決めた。

　準決勝の相手は鳴門工業、四国の3位校で選抜され、戦力はそれまでに勝ったチームより一段落ちると大方が見ていた。報道陣も監督も決勝に目が向いた。

　角田が振り返る。「準決勝になると、グラウンドから目に見えるところに優勝旗と準優勝旗が並べられるんです。あれで気持ちが少し

鳴門工業に敗れ涙

**平成14年　選抜　準決勝**（延長10回）

| | | | | | | |
|---|---|---|---|---|---|---|
| 鳴門工業 | 000 | 100 | 000 | 2 | 3 | 丸山—浜永 |
| 関西 | 000 | 001 | 000 | 0 | 1 | 宮本—萬浪 |

平静でなくなるんですね」と振り返った。そして「準決勝進出が決まった後に役員がやって来て、選手がいる前で明日勝って決勝進出が決まったら、閉会式の予行をしますので試合終了後、残ってくださいって言うから、選手の心が揺れるから言って欲しくなかったな」と遠くに目をやった。

準決勝、鳴門工業戦はそれまで活発だった打線が湿った。ロースコアの試合で1―1のまま延長に入った。鳴門工の丸山哲矢が内角への投球と外角へのスライダーを上手く投げ分け、的が絞れなかったのだ。結局、延長10回表にバントなど細かな攻撃で2点を許し、決勝進出は断たれた。「やはり監督がいつもと違った空気を出して、選手が力を出せなかったのかもしれません」と悔しがった。

選抜の鬼、角田は平成14年（2002）に監督を退任、新天地を求めて沖縄尚学の監督に就任した。平成17年（2005）に春夏の甲子園に出場させている。その後、肉親の病気のため岡山に帰ってきたが、沖縄尚学にスカウトした選手たちが沖縄に初めての優勝旗をもたらす。それが、平成20年（2008）春の選抜優勝だった。エースの東浜巨（ソフトバンク）は角田がスカウティングした選手だった。それも、選抜の鬼の鬼たる由縁だ。

## 江浦監督時代　打撃戦の名勝負

平成14年（2002）の夏、コーチと部長を10年余り務めた江浦茂が角田から監督のバトンを受け取った。江浦は厳しい練習は受け継ぎながら、攻撃野球で名勝負を繰り広げた。角田が相手の裏をかく戦法や意外性のある采配をしたのとは反対に、まさに関西らしい力勝負を見せている。

初の甲子園采配は平成17年（2005）春、一回戦で慶応に8―7と両軍27安打の打撃戦。7―7の9回裏にサヨナラ負けする戦いだった。その年の夏は一回戦で高岡商業に6―5と延長10回にサヨナラ勝ち。二回戦は京都外大西に7回まで10―4と大きくリードし、安全圏に入ったと思われた試合だったが、8回表に2年のリリーフ、ダース・ローマシュ匡が真っ向勝負で打たれ、12―10の壮烈な試合を落とした。安打は外大西が19本、関西が14本を記録している。そんな力勝負のチームが平成18年（2006）春に選抜史上に残る劇的な試合を残した。

## 早稲田実業戦　延長15回引き分け

関西はこの大会、一回戦で光星学院に6―4で打ち勝った。3年になりエースになったダースが肩の調子が悪く、二回戦は2年の中村将貴を軸に戦っている。対戦相手は夏の大会でハンカチ王子の異名で駒大苫小牧の夏三連覇を阻む斎藤佑樹を擁する早稲田実業だ。追いつ追われつの打撃戦で終盤7回表に早実が得点を加え6―2としたが、その裏に関西の上田剛（ヤクルト）が斎藤からツーランホームランを放ち、追いすがった。

9回表に三塁打と悪送球で早実が1点を加え、3点差で9回裏を迎え、

安井が走者一掃の同点打

斎藤投手

勝負ありかと思われたが、関西の打線が踏ん張った。無死からエラーで１番熊代剛が出塁、斎藤は２番徳岡章、３番上田に連続死球と乱れ、無死満塁。ここで４番の安井一平が打席に入った。

さすがの斎藤も球数が１４５球を投げて、ボールが先行し３ボール１ストライクと勝負しなければいけないカウントになった。

１５１球目はアウトコース高めのストレート。安井は迷わず振り抜き、左中間を大きく破る３塁打となり、走者一掃で７―７に追いつき、さらに無死３塁とサヨナラのチャンスになった。

早実は二人を敬遠して満塁策をとった。塁を埋めて内野ゴロならダブルプレーを狙い、ピンチを切り抜ける防戦だ。ここで関西は７番の東慎介。江浦監督は「なんとかしてくれると思ったので、特に指示は出しませんでした」と話した。「スクイズは私はしないので」とも付け加えた。

引き分け再試合に　©スポーツニッポン

**平成18年　選抜　２回戦**（延長15回　引き分け再試合）

| | | | |
|---|---|---|---|
| 早稲田実業 | 000 021 301 000 000 | 7 | 斎藤―白川 |
| 関西 | 001 010 203 000 000 | 7 | 中村・ダース―小原 |

勢いに乗った関西が押し切ると多くの人が思ったが、ここはまだ、ドラマの中盤に過ぎなかった。監督だった江浦は振り返った。「斎藤君がさすがでした。あの無死満塁で初球にインコースへストレートを投げてきたんです。死球は気にせずに、打ち気にはやる打者のインコースに投げるんですから」と舌を巻いた。東はこれに手を出し、ピッチャーゴロでダブルプレー、そして、斎藤は次の打者を三振に切ってとり、試合は延長に入った。

延長に入るまで160球以上を投じた斎藤だが、延長では得点を許さず、関西は中村をリリーフしたダースが得点を許さなかった。

その中で関西は押しに押した。13回裏にランナーを出して送りバントをするが続けて失敗。14回裏には一死から下田が二塁打でサヨナラのチャンスを掴んだ。続くダースが渾身の一振りでレフトオーバーのヒットと思われたが、早実の船橋が背走しながら伸ばしたグラブで飛球をキャッチする、奇跡的なプレーが出た。ヒットと思い込んだランナーは2塁に帰れず、ダブルプレーで一瞬でチャンスが消えた。

そして、15回の表裏はすんなり終わり、引き分け再試合になった。

## 再試合も劇的展開に

翌日の第4試合に再試合は行われた。この試合、早実の先発は2年の塚田晃平、関西も2年中村が登板した。塚田は2イニングを無失点で抑え、ベンチは3回から斎藤にマウンドを任せた。

斎藤のホームランなどで6回まで早実が2点リードしたが、7回裏に二死から9番山本直哉、1番熊代の連打で1点差に。8回裏には下田がツーランホームランを放って3―2と逆転した。まさに、攻撃野球である。

そして、運命の9回の攻防だ。早実は9回表、一死から4番後藤貴司のヒットで同点のランナーを出した。ここで、この試合のキーマン、5番の船橋悠。引き分け試合の延長でサヨナラとなる大飛球を奇跡的にアウトにした選手だった。船橋の打球はライトにゴロで抜けるヒット。ライトの熊代が一つでもランナーを進めまいと猛ダッシュでゴロを取りに行く。1点差の攻防だからこその、ギリギリのプレーを狙った。そして、「あっ」と言う間

下田の２ランホームラン

もなく、グラブの下をゴロがすり抜けていった。ランナーがだけでなく、打者走者の船橋までがホームに生還して、4—3と逆転された。熊代はボールを処理した後、大きなミスで逆転を許し、ショックでしばらくプレーが出来ないほどだった。

そして、9回裏、早実も勝利を目前に固くなっていた。エラー、四球、内野安打で二死満塁のピンチ。関西は一打サヨナラの願ってもないチャンス。しかも、打者は前の試合で9回裏に走者一掃の同点打を放っていた4番安井だ。

この場面を江浦は、また斎藤のピッチングを振り返って、その落ち着きぶりに言及した。前の試合を含め、何度も崩れそうになりながら、大崩れしないしぶとさを感じていたのだろう。

この場面でも、インコースにストレート。これは低くはずれて1ボール。今度は外に変化球で2ボール。ふつうの投手なら、ここで気持ちが追い込まれてストライクを取りたくなる。そして、3球目は外にボール気味のスライダーで空振りさせ2ボール1ストライク。そして、斎藤はインコースにストレートを投げ込んだ。

死球になれば同点の場面での思い切った投球だった。安井のスイングは球

**平成18年　選抜　二回戦再試合**

| | | | | | | |
|---|---|---|---|---|---|---|
| 早稲田実業 | 001 | 010 | 002 | 4 | 塚田・斎藤—白川 |
| 関西 | 000 | 000 | 120 | 3 | 中村—小原 |

威に負けてキャッチャーの頭上高く舞い上がった。これをキャッチされて、ゲームセット。2日間に渡る激闘が幕を閉じた。試合終了は午後6時55分。ナイター照明が輝く中で、激闘を讃えるように、試合終了後、名残雪が甲子園に舞った。

ご存じの通り、斎藤を擁する早実は、その年の夏の甲子園の決勝で今度は田中将大の駒大苫小牧と引き分け再試合の末、全国制覇を果たした。

この時期、関西の選手たちの実力を全国の多くの監督が認めていた。この時の関西のショート上田剛はプロを引退した時に、早実の和泉実監督に挨拶に行った。「あの時の関西は個々の選手が強かったから、うちよりは力があった。ただ、チームとしての細かなつながりに隙があるので、そこにチャンスがあると思っていた」と話したと言う。

上田は今、岡山に住居を移し、関西野球部のコーチを務めているのだが「僕たちの時代、その時、その時の状況を見極める選手の力がなかった」と今、考えている。「イケイケどんどんで、感情と勢いで試合をしていましたから」と話した。

上田コーチ

確かに、早実戦の最初の試合で9回無死満塁、1点取ればよい場面で冷静さがあれば、この球が来れば打つが、じっくり待てば斎藤を追い込み攻略できただろう。延長14回裏、一死ランナー2塁で大飛球がレフトに飛んで二塁ランナーがサヨナラと思い、ホームに急いだ。そこは抜けるかどうかを確かめてから走れば、抜ければサヨナラ、捕球されても、まだチャンスは続いていた。

でも、思う。個々の選手が思いのままにバットを振る、その時代の関西の野球は面白かった。だからこそ、多くは勝てなかったが忘れられない試合が数多く残った。歓喜、落胆、意外、熱狂。そんなドラマが起こせたチームは高校野球史上、この時の関西が筆頭ではないだろうか。

## 悲運の名将　夏の輝き

江浦監督の在任は16年で甲子園出場は春6回、夏4回の10回。これは、倉敷工業の小沢元監督の14回に次ぐ岡山の記録だ。

甲子園では7勝10敗1引き分け。全国優勝する興南、東海大相模と初戦でぶつかるなど組み合わせの不運やツキに恵まれなかったが、個々の選手を試合で輝かせた大らかさのある野球は今も心に残る。そして、最後には関西で唯一の夏の甲子園ベスト4に進んだ時のことを記したい。

平成23年夏（2011）、東日本大震災の年だった。関西は県大会の決勝で初出場を目指す金光学園と対戦した。

この試合、関西が5―2とリードされて9回裏を迎えた。ここから、7番水原浩登がヒット、8番代打の小山悠也がライト線に二塁打。ここで、9番の福井寛十郎が左中間に二塁打して2点を加え、追いすがった。この後、犠打で送り、一死3塁。続く妹島のファーストゴロで三塁ランナーが飛び出し、アウト。打者走者は2塁に進んだが、勝負の流れは、また金光に向かったと思われた。関西のバッターは右の強打者佐藤翔也。この試合、金光は右の本格派山手が4回に得点を奪われ、左のサイドスローで軟投派の菅田につないで最終回を迎えていた。右打者に右のセオリーで再び山手をマウンドに上げた。ここで、佐

金光学園に大逆転のサヨナラ勝ち

**平成23年　夏の岡山大会　決勝**

| | | | | | | |
|---|---|---|---|---|---|---|
| 金光学園 | 000 | 040 | 100 | 00 | 5 | 山手・菅田・山手・菅田―森永 |
| 関西 | 000 | 200 | 003 | 01 | 6 | 水原・堅田―関貫・畑 |

藤が左中間に三塁打して土壇場で同点。サヨナラはならなかったが延長戦に持ち込んだ。11回裏、一死から妹島、佐藤の連続ヒットに渡辺の死球で満塁。最後は堅田裕太がライトにサヨナラヒットした。

江浦は「一度終わっていますからね。それで、選手が開き直れて甲子園ではいい戦いが出来ました。でも、金光戦の最終回はヒットが出て、これはいけると感じました」と話した。

その年の夏の甲子園、関西は二回戦から登場して春の選抜準優勝の九州国際大附属に延長12回3―2で勝利。三回戦では明豊に7―1、準々決勝では如水館に8―3と快勝して夏の大会で関西は初めてベスト4に進んだ。準決勝では優勝する日大三高に7回表まで1―1と好ゲームを展開した。途中まで先発の堅田が疲労の中、好投。

一方、日大三は二番手の斉藤風太を5回で降ろし、エースの吉永健太郎を投入した。日大三は決勝戦に向けて吉永を温存したかっただろうが、必勝を期して先にカードを切った。

この年の日大三は史上最強の打線といわれ6試合の平均得点が10・2、全ての試合が二桁安打を記録した強打線だった。そんな中で、7回裏に堅田が打たれ、リリーフ水原も疲労と故障で無理しての登板だった。7回に8点、8回に5点を奪われ決勝進出はならなかった。関西も8回に3点を返して意地を見せた。結局14―4の大差はつけられたが、この年の関西も印象深い。春までエースだった堅田が背番号11に降格。県大会ではファーストに入り、甲子園では背番号3をつけて投攻守でチームに貢献した。エース番号を背負った水原の力投。渡辺を中心にした打撃。このチームも関西らしいチームだった。

蛇足になるが日大三には高山俊（明治→阪神）横尾俊健（慶応→日ハム）畔上翔（法政→HONDA鈴鹿）鈴木貴弘（立教→JR東日本）吉永健太郎（早稲田→JR東日本）などがいて、層の厚い軍団だったことを書き添えておきたい。

令和の時代、新私学三強に押され気味の関西だが、その復活を長い目で期待したい。

夏の甲子園　唯一の決勝進出

# 岡山理科大学附属高校

甲子園出場　春5回　夏5回

**創　　立**　昭和37年
**創　　部**　昭和37年
**最高成績**　春　２回戦（平成10年）　夏　準優勝（平成11年）
**主な選手**　九里亜蓮（広島）薮田和樹（広島）藤岡裕大（ロッテ）柴田竜拓（横浜）
頓宮裕真（オリックス）ほか

**【ユニフォームの概要】**

昭和43年に永易監督が大学生で岡山理大附属の監督に就任し、昭和55年春夏、56年春と3期連続出場を果たし岡山の実力校となった。当時としては斬新な袖に赤と紺のラインを配したユニフォームで、胸には「RIDAI」袖にはハの字のように細い紺のラインが二本入り、その間に岡山と漢字で書かれていた。その後、現在まで続く早川監督の下では「RIDAIFU」の表記に変わり、平成11年の夏の甲子園準優勝の時は、アルファベットの先にセリフと呼ばれるとがった部分がなかった。現在はセリフが付き、左袖には校章が付けられている。

## 大学野球　プロに人材を輩出

高校野球関係者に話を聞くと岡山理大附属は「大学やプロに行ってから伸びる育成をしている」と言う答えが返ってくる。すべての選手が大学やプロを目指しているわけではないが、主な選手として記載したプロ野球選手はいずれも一軍で活躍する選手たちで、その声が確かであることを証明している。東都大学リーグの亜細亜大学などで活躍する選手も多い。理大附属はプロ野球でいえば巨人ではなく広島タイプの育成型なのだ。

30年近く理大附属の監督を務める早川宜広は、そのことを聞くと「私は監督と学校の授業で時間が取れないので有力選手をたくさん勧誘することは出来ません。個性や人間性を成長させてくれる高校だと思って入部してくれる選手が自然に来てくれることを考えています」と話した。スカウティングでやって来る選手が少ないので、「今年は30人余りの部員が入りましたけど投手3人、捕手は1人だけでバランスが悪かったです」と笑った。甲子

ベンチで指揮する早川監督

園は目指すが選手の将来も考えて、体調のケア、人間力の形成に力を入れている。それは、早川の出身である駒沢大学の名将太田誠監督の下で過ごしたことが大きい。太田は35年の監督生活の中で中畑清（巨人）石毛宏典（西武）新井貴宏（広島）などのちに監督も務める数多くの人材を育てている。また、令和5年（2023）のWBCで優勝したヘッドコーチ白井一幸（日ハム）もいる。余談だが白井の姉と私は幼稚園から高校まで一緒で、中学の野球部で3学年下にあたる後輩だ。父親同士も同級生で、私と彼のいとこ同士が結婚しているので間接的な親戚である。

## 野球以外にも目を向ける早川流

太田の教えの一つが「野球だけでない経験が大切だ」と野球以外の事をすることの大切さを説いたそうだ。早川はその一つの実戦として大学卒業後、太田の勧めでインドに渡りヨガなどの勉強をしている。それが、岡山県で唯一の夏の甲子園での決勝進出につながる理由にもなるのだが、それは後述しよう。

早川は野球部の指導の中で、野球と一見関係のないことを数多く取り入れて来た。岡山市の野球部の寮から笠岡まで一日をかけて歩き、次の日は笠岡諸島の島を歩いた。選手たちに自炊をさせる合宿を行ったりもしていた。ミーティングなどでは「君たちはどう生きるか」をテーマに会話したりするそうだ。準優勝当時の主将、森北真悟は「月曜は練習がオフでミーティングをするんですが、監督は自分たちの見た映画やテレビの感想を話させたり、監督が選んだ映画をみせたりするんです」と振り返った。「ゴッドファーザー」や「愛と青春の日々」を見たことを思い出してくれた。映画を見ることで感性や人間性を高めようとしたのだろう。野球の練習は基礎として体作り、基本として打撃や守備の動作、そして、応用につなげてゆくことを早川は実践してきた。また、きっちりと休みをとることで頑張れる意識が生まれるとも話した。自分で自分の力を伸ばす大切さを身に付けさせるために、全員が同じ練習をすることよりも、部員個々の欠点を補う自主練習を多く取り入れている。そして、練習の準備やそれぞれの練習への取り組みで日本一を目指している。今では、多くのチームが取り組む効率的な練習も、早くから導入してきたのだ。

## 平成11年夏　理大附属の快進撃

理大附属といえば準優勝した夏の甲子園のことが一番に浮かぶ。この年、なぜこうした活躍が出来たのかのアウトラインを書き、そのハイライトとして決勝進出を決めた智辯和歌山戦に触れたい。早川は平成5年（1993）に監督となり、翌6年（1994）春に甲子園に出場している。2回目の甲子園は平成10年（1998）の春で京都成章に18―2で理大附属の甲子園初勝利をあげた。二回戦では強豪浦和学院に6―4と敗れたが2度の甲子園の経験で大舞台への慣れや余裕が生まれ、翌年夏の大きな結果につながったのだろう。

実は準優勝の夏、理大附属は3年のエース早藤祐介が腰を痛め、岡山県大会は決勝以外では、3年岡田崇司、2年竹内嘉章、1年岡本直也が踏ん張り決勝にコマを進めている。西大寺10―3、岡山白陵16―0、興譲館16―3、玉島商業3―1で決勝進出をした。その年の決勝の相手は岡山城東で、城東は松坂世代だった前年に横浜―PLの激闘があった夏の甲子園に出場していた。そのPLとの試合は2―1で惜敗したのだが、その時に好投した中野、小林の両投手が3年として残っていて優勝候補の本命だった。春の県大会決勝では8―4で敗れている。城東は春の中国大会も制する力を持っていた。打倒城東が甲子園へのカギだったのだ。早川は、城東との戦いを意識して、大会前から右投手攻略の練習を行ってきた。そして、腰に故障を抱えるエース早藤のコンディションを整えていった。県大会では、思惑通り城東との決勝になった。そこで、満を持してエースを登板させ、見事8―2で城東を下し甲子園切符をつかんだ。早藤の復活に大きくつながったのが、早川がインドで学んだヨガから派生したマッサージで、監督自らが、それを行っていた。主将の森北に聞くと多くの選手にそれを施していたそうだ。森北もヒジに故障を抱えていたが、それをすると故障個所が温かくなり、痛みが和らいだそうだ。

## 準優勝当時のメンバーたち

この時の理大附属はリードオフマン1番の大北裕人が好調で、甲子園ではドカベンのあだ名で呼ばれホームランをかっ飛ばした森田和也がいた。攻守の要の河泰浩も確実なバッティングで攻撃力が高かった。そこにエース早藤が鮮烈に復帰し選手が揃ったのだ。早藤は当時主流になっていたスライダーなどを軸に外寄りのコースで仕留める投球ではなく、インコースに速球を投げ込む投球を得意としていた。これが、甲子園でも生きてくるのだ。しかも、県大会での消耗がなく、甲子園では1回戦から4試合を完投してゆく。

## 投打がかみ合い決勝進出

甲子園では、初戦の勝ち抜き方が、その後のチームの浮沈に大きくかかわる。二回戦から登場した理大附属は学法石川と対戦、終盤に追いつかれる厳しい試合展開だったが、9回裏無死満塁から主将の森北がボールカウントを悪くできない状況を読んでストレートに的を絞っていた。初球ボールで次はカウントを取りに来るストレートと読み、その通りにライトに流し打ちして5―4でサヨナラ勝ちした。主将の冷静な読みで接戦をものにし、勝利したことで、チームに勢いが生まれた。三回戦は水戸商業に6―0、早藤が3安打7三振の投球に加え攻撃陣も14安打、森田が特大のホームランを打った。これで、ベスト8に進出した。

準々決勝の相手は滝川第二で、疲労を考えて2番手の投手を先発させた滝川第二に対して、先頭バッターの大北が3安打を放つ活躍などで前半から主導権を握った。そして、早藤がまたも完投して5―2で快勝した。夏の準決勝進出は昭和53年（1978）の岡山東商以来、21年ぶりのことだった。

こうして岡山勢初の夏の決勝進出をかけて準決勝では強敵、智辯和歌山との対戦になった。試合は、さすがの智辯和歌山が4―1とリードして7回裏の理大附属の攻撃を迎

早藤・森田のバッテリー

えたが試合はもつれてゆく。この回、葛城、松下が右方向を狙うヒットで2点を奪い、崩れそうになっていた早藤を援護した。そんな反撃ムードが高まる中でアクシデントが起きた。

## 馬場の負傷と主将森北の言葉

8回表の守備でファーストを守る馬場雅央が打者走者と交錯して左足を捻挫、スパイクの歯で足の甲が裂け、血がにじんだ。テーピングをしてプレーを続行したが、激痛だったようだ。早川は言う。「うちは選手層が厚くないので1塁の交代は考えられなかった」と。そして、内野手として動きの比較的少ないファーストの負傷だったことがドラマを生む伏線になった。

8回裏の攻撃で馬場が痛そうな表情をして気持ちの入らないスイングしたのを見て、主将の森北が馬場に注意した。「痛そうにするのならベンチに下がれ」と気合を入れたのだ。馬

足を負傷した馬場選手

場は話した。「本当に痛かったので、主将の言葉だけどカチンときました」と。そして、4—3と1点ビハインドで迎えた9回裏を迎える。再び腰の痛みが出てきた早藤からの理大附属、最後の攻撃だ。早川監督は勝負をかけた。早藤に変えて代打の田岡宣信をバッターボックスに送った。選手たちもその意図をわかったはずだ。「エースを降ろして一気にサヨナラに持ち込む」、「あるいは同点で終わったにしても2年・1年の投手を支えなければ勝てない」という決意の交代だ。

田岡は粘ったがピッチャーゴロ。だが、次の1番の大北が相手エラーで出塁した。強いチームはこうした流れを見逃さない。2番松下のヒットで一死1・2塁。そして、3番の西川の打球はファーストへの強烈なゴロ。併殺かと思えたが、打球の強さで守備が乱れ、1塁に西川が生きた。二死1・3塁でこの日、2本の二塁打を放っていた森田を智辯和歌山は敬遠して二死満塁とする作戦をとった。敬遠したのは、次のバッターが負傷している馬場だったからだろう。馬場は勝気で負けん気が強い。これを見て燃えた。気合を入れる言葉をかけた主将の顔も頭に残っていただろう。痛みで足に負担がかかり、何度もバットを振れないことは意識していた。

初球はスイングしたが、足に痛みが走り、もうあと一振りしかできないと思ったと言う。「コースはともかく、ストレートが来たら思い切って振る」と決めた。そして、2球目は外角低めのストレート。理大附属がその夏に磨いてきたバッティングを象徴するようなひと振りが出た。打球は左中間を抜けていった。二者が一気に還り5―4のサヨナラ勝ち。岡山勢初の夏の決勝戦進出が決まった瞬間だった。馬場は「アドレナリンが出たのか、1塁まではなんとか行けました」と話した。

決勝進出につながった要因を早川の言葉からまとめると次のようになる。

・早藤の腰が回復し、甲子園ではなんとか準決勝まで力投できた
・早藤はインコースで勝負でき、当時の主流ではなく相手が戸惑った
・県大会で打倒城東として磨いた右の本格派投手の攻略が甲子園でも生きた

サヨナラ勝ちの瞬間

馬場の決勝打　©朝日新聞

**平成11年夏　甲子園　準決勝**

| | | | | | |
|---|---|---|---|---|---|
| 智辯和歌山 | 002 | 020 | 000 | 4 | 井上―福地 |
| 岡山理大附 | 100 | 000 | 202 | 5 | 早藤―森田 |

・県大会から甲子園準決勝まで対戦相手がすべて右投手で打ち込めた
そして、付け加えるなら早川のインドで学んだマッサージ術が効いたのだ。

## 夏の甲子園決勝　対戦相手は左の好投手

甲子園の決勝戦はそれまでの試合と違う面がある。試合開始前の練習が甲子園でできるのだ。そして、報道陣にとっても特別なことがある。試合前、甲子園のグラウンドに入って取材が行えるのだ。つまり、決勝まで自分のエリアの学校が行けば地元新聞、放送局は甲子園の土を踏むことができる。このときの担当記者やカメラマンがうらやましく思える。

様々な要因が理大附属の快進撃の中にあったが、決勝戦ではそれが離れていったように思える。決勝の相手、桐生第一のエースはこの年のドラフトで日ハムから1位指名される正田樹だった。そう、最後の最後で左腕の投手、しかも大会ナンバーワン投手との対決になった。余談になるが正田は日ハム、阪神、台湾リーグ、独立リーグ新潟、ヤクルト、台湾リーグ、独立リーグ愛媛に所属するなど長く現役生活を送り、昨年までマウンドに立っていた。

さて、決勝戦でも理大附属の強打は1回表に長打で先制点をあげた。だが、やはりエース早藤の状態が悪化していた。疲れで体に切れがなくなり、腕も上がらなくなっていた。そして、腰痛。そして前の試合で出来た指のまめが3回に破れてしまった。5回裏にヒットを打たれ降板した。5試合で616球を投げたエースの夏が一足早く終わった。足を負傷していた馬場は先制点となるヒットを放ち、足を冷やしながらフルイニング出場した。早藤の降板後、竹内、岡本、岡田と県大会の決勝まで導いた控え投手がつないだ。3人で8点を奪われたが、それは夏の総決算になった。

それぞれの選手が役割を果たし、決勝戦に勝ち上がった岡山理大附属の夏は岡山県の高校野球史に欠かせない大きな一ページだ。それ以降、理大附属は春1回、夏3回甲子園に登場した。決勝進出から5年後の平成16年(2004)夏には一回戦で桐生第一に15―9で勝ち雪辱をしている。

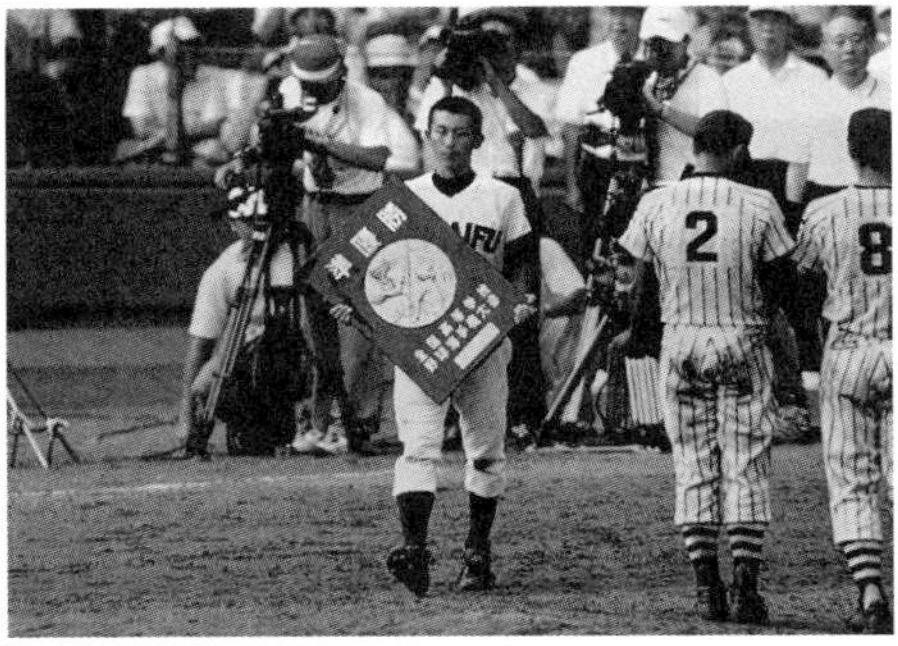
準優勝盾を持つ森北主将

**平成11年夏　甲子園　決勝**

| | | | | | |
|---|---|---|---|---|---|
| 岡山理大附 | 100 | 000 | 000 | 1 | 早藤・竹内・岡田・岡本―森田 |
| 桐生第一 | 120 | 303 | 50× | 14 | 正田―高橋 |

岡山理大附属は平成27年（2015）春を最後に大舞台に出ていないが、プロ野球シーズンに野球中継をみると理大附属出身の選手が毎日のように活躍をしている。取材で高校を訪れたときも九里、藪田らが一面に載ったスポーツ紙が数多く掲示してあった。それは、「甲子園だけが高校野球ではない」ことを示しているように思えた。私学、公立も関係なく、強い弱いはあっても野球を通して学び、育つことの大切さを教えてくれる風景でもあった。

準優勝した時の主将、森北は今回の取材で「準優勝という結果より3年間頑張ったことと仲間が出来たことが一番よかった」と話した。人間性を育てる早川の指導は選手たちの心の中に大きな財産として残っている。

ユニフォームよ　井原の活力となれ

# 興譲館高校

甲子園出場　春1回（平成20年）

**創　　立**　嘉永6年
**創　　部**　昭和23年
**最高成績**　秋　岡山大会　優勝（平成19年）　春　中国大会　優勝（平成27年）

**【ユニフォームの概要】**

胸には堂々とした毛筆から転写された興譲館の漢字。袖には井原市の文字。黒のストッキングには、太く濃いグリーンと細いライトグリーンのラインが入る珍しいスタイルだ。唯一の甲子園に出場した時に着用された。そこには、初代館長阪谷《さかたに》朗《ろう》廬《ろ》と深い関係のある、偉大な経済人とのつながりを示すものだった。そこには、井原圏域を盛り上げたいと願った監督の思いが入っていた。

## 甲子園に導いた男

興譲館は、今、名ランナーを輩出する女子駅伝の強豪として全国に知られる。その一方で、野球部も浮沈を繰り返しながら、伝統を育んでいた。それが開花したのが、平成20年（2008）春の選抜。興譲館は、初めて甲子園の土を踏んだのだ。監督は小谷彰吾。興譲館野球部OBで現役時代は主将も務めていた。

元々、小学校教諭だった小谷。ある時、元監督であった恩師に興譲館教諭への転身を乞われた。自由闊達で行動力のあった小谷、経営難になっていた母校の改革を手伝うよう求められたのだ。

平成10年（1998年）母校に戻った小谷は、改革は大変だと思った。前年を踏襲した授業やその質に疑問だったという。商業、工業、電気、普通科の学科間の歩調の違い、生徒たちと教諭との関係の不具合などが感じられたからだ。井

興譲館高校元監督　小谷彰吾さん

原地域では公立志向の強いことに加えて、少子化が進んでいて学校経営も厳しかった。その打開には、特色があり、魅力のある学校づくりが求められていた。

地域にも愛され、広い範囲から生徒がやって来るには、どうすればいいか。小谷が幹部らと、様々な改革に取り組む中、中心に据えたのが、江戸末期、地域の声に応えて設立された、興譲館の原点に返ることだった。

## 興譲館と阪谷朗廬

興譲館の初代館長は阪谷朗廬。江戸末期の文政5年（1822）に、今の井原市美星町で、酒造りをする庄屋の家に生まれている。江戸や大阪で論語などを学び、西洋の学問にも思いを至らせた異才だった。母の介護のため郷里に帰り、その時、地元有力者から風紀の乱れた地域を教育で立て直すことを要請されている。

井原は江戸末期、御三卿、一橋家の所領で、興譲

阪谷朗廬　©興譲館高校

館は地元の有力者らが、領主の蔵元から資金を借り入れ設立された。当主は一橋慶喜、のちの徳川慶喜、最後の将軍である。そして、その部下が大河ドラマの主人公になった資本主義の父と呼ばれ、近代日本の基礎となる企業をあまた起こした渋沢栄一だ。

渋沢は明治維新への動きが活発化し、幕府の重臣、一橋家では多くの農兵が必要となり、領地の井原を訪れた。その人集めに苦労している時に、地域からの信頼が厚かった阪谷と面会している。この交流が元で、困難だった農兵募集は順調に進み、渋沢と阪谷は親交を結ぶ。のちには、子供同士を結婚させ姻戚にもなるほどだった。

本題に戻せば、ユニフォームに付けられている漢字こそが、初代館長阪谷へ渋沢が感謝の気持ちで書いた、毛筆による興譲館の書なのだ。それは、今でも、木造の校門に掲げられている。

## ユニフォームに込めた思い

37歳で興譲館に赴任した小谷は、論語を生かして、道徳

渋沢栄一の像　©深谷市

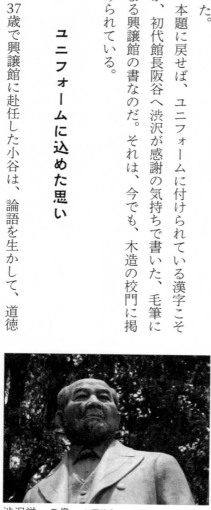

や礼節を元に、高校を変えていった。野球部を甲子園に導くことにも力を尽くした。興譲館の教育理念やスポーツの活躍が地域の誇りとなるように動いたのだ。それは、繊維産業の衰退で活力を失っていた井原市を、興譲館の再生と共に活性化させることにつながるからだ。

ユニフォームにはその思いが込められた。ストッキングにある15ミリ幅のダークグリーンは、平成15年（2003）の興譲館150周年。5ミリ幅のライトグリーンは、井原市50周年を記念している。地域と共に歩みたいと願ったのだ。まさに、井原のシンボルとなる意匠だった。

それから4年。秋の岡山県大会で下馬評にも上がらなかったが、岡山学芸館に5―2、作陽に2―1、岡山理大附属に3―2で勝ち決勝に進んだ。そして、見事に優勝した。

続く中国大会では、一回戦で松江東に9―8、二回戦で開星（島根）に7―2で準決勝進出を決めた。そこで、優勝する下関商業に延長の末、敗れた。だが、その戦いぶりと全力疾走やきびきび

**平成19年秋　岡山大会　決勝**

| | | | | | |
|---|---|---|---|---|---|
| 岡山県共生 | 010 | 000 | 001 | 2 | 本干尾・金・岡田―三宅 |
| 興譲館 | 010 | 203 | 000 | 6 | 森本・妹尾―植木・小川 |

**平成19年秋　中国大会　準決勝**（延長12回）

| | | | | | | |
|---|---|---|---|---|---|---|
| 興譲館 | 001 | 010 | 000 | 000 | 2 | 酒井―植木 |
| 下関商 | 020 | 000 | 000 | 001× | 3 | 島田―岡田 |

としたプレーが評価され、甲子園切符を手に入れた。

甲子園での試合は、初戦でベスト4に進む千葉経大付属に敗れたが、大舞台に大きな足跡を残した。甲子園出場のあと、小谷は47歳で校長となり、さらに、母校のために頑張った。

ユニフォームに込められた、高校と地域の再生。小谷は短期大学の教授を経て、今年、高梁市の方谷學舎高校で理事長に就任し、また魅力ある学校づくりに取り組んでいる。

甲子園の興譲館ベンチ

# 3

# 私学　新勢力の台頭

最速の甲子園から強豪に

# 創志学園

甲子園出場　春３回　夏３回

**創　　立**　平成22年　※母体は明治17年に誕生
**創　　部**　平成22年
**最高成績**　春　２回戦（平成28年）　夏　２回戦（平成30年）
**主な選手**　高田萌生（巨人）　西純矢（阪神）

**【ユニフォームの概要】**

胸に「創志」と紺色の柔らかなイメージの漢字で表記され、周囲をライトブルーが縁取っている。左袖には三羽の鳥とSGHS（学校の英語略称）のエンブレムが付けられている。紺色の帽子にSを配し、ストッキングは紺、黄、白のカラーだ。一時、筆記体で「SOSHI」とし、帽子も白に変わったが、現在は創部1年で選抜初出場した時のデザインに戻っている。漢字二文字は初代監督の長沢が鹿児島の神村学園で鹿児島実業の「鹿実」を意識して「神村」としたことが「創志」の表記につながっている。

## 創志で6回の甲子園　長沢前監督

岡山から高速道路で2時間半、兵庫県丹波篠山市。県立篠山産業高校のグラウンドに創志学園の前監督、長沢宏之はいた。現在、丹波篠山市のスポーツ振興官となり、篠山産業の監督となったのだ。父親がこの町の出身で室町時代からの家系図が残るゆかりの土地だ。

長沢は元々、兵庫の夙川学院で女子ソフトボールの指導者として全国制覇8回、アトランタオリンピックではソフトボール日本代表のヘッドコーチを務めた輝かしい経歴を持つ。出身校の市立西宮では硬式野球部で活躍し、日本体育大学でも野球部に所属していた。高校時代に甲子園に行けなかった思いが頭を持ち上げ、平成15年（２００３）50歳を迎える時に鹿児島の神村学園の野球部監督にスカウトされた。そして、就任わずか3年で選抜に出場、しかも準優勝を果たした。平成22年（２０１０）に創志に移り野球部の監督となり、わずか1年足らずで新2年だけのチームを選抜に導く例を見ないスピード出場をさせた。

ノックする長沢監督

## 初代主将、野山との出会い

グラウンドに入ると長沢が近づいてきて、帽子をとって挨拶をしてくれた。バックネット裏にある部屋に入ると、12年間の創志での監督生活を振り返った。「一期生の主将、野山くんとの出会いが最初でそれがすべてだったような気がします」と切り出した。それは意外に思えた。スピード出場以外にも好投手高田萌生（巨人）や西純矢（阪神）がいたチームでの活躍もあっからだ。野山慎介と選抜出場した年は、東日本大震災が起きた年で、その衝撃が大きく残る中での大会開催だった。

そこで選手宣誓のクジを引いた野山が歴史に残る宣誓をして感動を与えたことは、今も多くの人の記憶に残る。

「私たちは16年前、阪神淡路大震災の年に生まれました。今、東日本大震災で多くの尊い命が奪われ、私たちの心は悲しみでいっぱいです。被災地ではすべての方々が一丸となり、仲間とともに頑張っておられます。人は、仲間に支

野山主将の宣誓

えられることで大きな困難を乗り越えることができると信じています。私たちに今できること、それはこの大会で精いっぱい元気を出して戦うことです。がんばろう、日本。生かされている命に感謝し、全身全霊でプレーすることを誓います」。平易にして簡潔、この宣誓を岡山の高校生が発し、あの惨状の中で沈んだ日本の空気を和らげた。長沢は野山との出会いを語ってくれた。

新入生の勧誘で、もう夜になる頃、彼が暮らす田舎町をたずねた時のことだ。山の中腹のような場所に家がある集落で、迷っていると一人の少年が通りかかったので道を聞いた。「野山さんの家はどこですか」「それは僕のうちです」

この瞬間にドラマが始まった。長沢は長年生徒たちを見てきた経験からだろう、この子を主将にしようとすぐに決めたそうだ。素朴で純情、素直で頑張れると踏んだのだ。そして、同じ中学の2人と一緒に入部してきた。野山は怒られ役として、監督と選手をつなぐ役割やチームをまとめる主将としての任を果たしていった。

暗い夜道で出会った中学生との遭遇が、創志での12年間での成果につながったという長沢の言葉、人生にとって出会いがいかに重いものなのかを感じさせられた。

ベテラン監督の胸の内を長沢は話した。「私は50歳くらいから高校野球の監督をして、初出場で準優勝したでしょ。だから、どこか勝ちにこだわる気持ちが途中から薄れていったんです。高田や西の時に、もっと欲を持っていたら上位に勝ち進めていたかもしれませんね」

他の監督からも、同じような話を聞いたことがある。多分、勝つことよりも選手たちの頑張る姿や成長などが、次第に一番の喜びになって行くからのように思えるのだ。

特に教員監督は普段の生活指導や勉学の事も把握しながら、選手たちを見守る。「野球をやめた後の人生の方が大切かもしれない」と多くの指導者が話した。野球を愛し、勝負をかけることはその瞬間で最も大事だ。でも、その後は人間としてどう生きるかが問われることを多くの監督が理解しているからだろう。長沢が残りの監督人生でどんな物語をみせるのかが気にかかる。

西純矢投手

70歳を迎えて新天地で高校生や地域の人々と向かい合う長沢に拍手を送りたかった。顔に刻まれたシワは歴戦を感じさせるが、表情は穏やかで長く話していたいと感じさせる監督だ。

少しだけ、長沢の高校野球の監督としての特徴を記したい。それは、創部から12年間、長沢のそばでサポートした創志の現部長、大長秀行から聞いた。彼は神村学園が準優勝した時の主将で長沢が高校野球監督として最初に指導した教え子だ。

「長沢監督はその地域の主流の戦法からはずれたチームにしていたと思います。鹿児島は鹿実、樟南、鹿商工などがバントを主体にした戦法を取って、そのせいで、バントに対する阻止プレーが上手いんです」と話した。

だから、エンドランなど足を使って相手を揺さぶる攻撃のチームに仕上げ成果をあげたと話してくれた。

野山主将は今、赤磐市の職員として地域のために働いている。東海大学で野球をした後に岡山に帰り、最近、家庭を持ったばかりだ。奥さんは彼が選手宣誓をしたことを知らなかったそうだ。

創部一年で選抜に選ばれたのは「長沢監督が難しいことを教えなかったからかもしれない」と思い出してくれた。一年生はパワーがなく、長打は期待できない。とにかく転がすバッティング。そして、ランナーが出るとヒットエンドランをかける。走者が走ることで内野守備の間隔が広がる

現在の野山慎介さん

ところを狙うような攻撃を行った。外野守備は深く守り、長打を打たれないようにした。そんな中で勝ち星をあげると、選手たちは監督の言葉に操られるように活躍できたのだと言う。

一期生の部員は岡山組と関西などの県外組がいて、なかなかまとまらなかったようだが、徐々に一体感がでてきたそうだ。選抜のメンバー選びは、18人のベンチ入りメンバーのうち11人を監督が選び、残りは部員たちの投票で決めた。最初、外れたメンバーの中に実力的には必ず入る選手がいたという。推測するに監督は、実力があっても他の選手からの信頼がなければベンチに入れないことを伝えようとしていたのだろう。

野山は今、創志野球部のOB会長を務めている。これからの後輩たちの活躍を見守る立場になっている。

## 全国制覇4回の監督が就任

激戦区神奈川、そして関東地区で大きな光を放つ名門、東海大相模の前監督、門馬啓治が令和4年の秋から創志学園の監督に就任した。22年間に名門を12度も甲子園に出場させ、選抜3回、夏1回の全国優勝させた名将中の名将だ。甲子園での成績は30勝7敗と信じられないほどの勝率を誇る。いい選手が集まる環境にあったとはいえ、やはりそこには卓越した指導があるのだ。

彼の下で育ち、プロ野球の世界で今、現役で活躍する選手は壮観だ。主な選手だけでも菅野智之・大城卓三（巨人）、小笠原慎之介（中日）、田中広輔（広島）、森下翔太（阪神）、吉田凌（オリックス）など書ききれないほど多士済々である。

東海大相模時代の門馬監督

## 門馬監督の思い

今年の5月、赤磐市の専用グラウンドに門馬を訪ねた。そこで聞けたのは、まず人間力の形成だった。礼儀などについて聞くと「形だけじゃだめなんです。なぜ挨拶が大切なのか、スリッパを揃えることの何がいいのかの意味をわからないといけないと思うんです」と話した。普段の生活がしっかりできなければそれが試合での負ける要素につながる、人として成長することが勝利に近づいて、技術が出せるとも話した。野球の練習時間より生活時間のほうが圧倒的に長い、その時間の使い方が野球にもつながると強調した。

強いチームは今、何が起きているのか、だれがどんなことを考え、これからどうなろうとしているのかの判断が優れている。その判断の中で自分が何をしなければならないかを実行する。練習時間だけでなく、普段から広い視野を持ち、人の気持ちを推し量る能力は、真剣に生活する中から生まれるのだろう。高校野球には魔物がいるというが、それは選手らの心が揺れるからで、それを小さくするためには生活の中で自分を磨くしかないとも話してくれた。

面白いと感じたのは、強くなるチームには、演出なしにドラマが起きると話したことだ。夏の全国優勝をした年は、春の関東大会でボロボロに負けたところから、選手が自分たちの弱さを認めて強くなっていったと話した。主将で3番ショートの選手が戦列を離れた時、ほかの選手が踏ん張り結果を出したことも教えてくれた。ドラマが起きることがターニングポイントになり、チームが成長するのだそうだ。

門馬監督

「強くても勝てないが、強くないと勝てない」そんな禅問答の世界も話してくれた。球運や突発的なことが起きる高校野球では努力をし、技術を磨いた上で試合に臨み、そこでべストを尽くすしかないのだろう。歴戦の監督は人事を尽くすことと、観客が応援してくれるチームになることの大切さも考えていた。

まとめれば、技術を身に付けること、生活の中から心を鍛えることの両輪が上手く動いてこそ、やっと勝負が始まるということだろうか。

門馬監督の指導、試合経験は必ず岡山の高校野球に大きな影響をもたらすだろう。

# 岡山学芸館高校

甲子園出場　春１回（平成13年）　夏２回（平成27年、令和元年）

創　　立　昭和35年
創　　部　昭和45年
最高成績　春　未勝利　　夏　２回戦
主な選手　柴原実（阪急）橋本義隆（日ハム）金村尚真（日ハム）

**【ユニフォームの概要】**

かつては縦じまの地に「学芸館」と大きく書かれていた時代もあった。3度の甲子園出場時には、いずれもスクールカラーの緑が配されている。選抜初出場時は「GAKUGEIKAN」と黒で表記されていた。その後、「GAKUGEI」となり、さらにユニフォームの胸にラケットラインとよばれる線が入った。胸マークは銀色の縁取りで、中は落ち着いたグリーンが配色され、字体も柔らかでモダンな字体になっている。左袖はかつて校章だけだったが、現在はエンブレムの中に校章が記されている。

# 岡山学芸館野球部　小史

昭和35年（1960）に西大寺女子高校として創立され、昭和41年（1966）に金山学園に改称、野球部は昭和45年（1970）に創部された。森靖喜学園長は兄が社会人野球の丸善石油で活躍、また、西大寺青年会議所で野球部に所属し、野球への関心が高かった。

平成6年（1994）に岡山学芸館高校と改称、平成に入り強化の成果が現れ、夏の大会ではベスト8の常連となってゆく。平成12年（2000）秋の岡山県大会で準優勝し、中国大会では県の決勝で敗れた関西に雪辱して優勝。翌年春の選抜に関西と共に出場した。当時の監督は高知商業を甲子園に4度導いた松浦徹だった。

その後、岡山城東の監督を務めた山崎慶一を招き、平成27年（2015）に夏の甲子園出場を果たした。令和元年（2019）には山崎の下でコーチを務めていた佐藤貴博が

選抜出場決まる（平成13年）

監督就任1年目で夏の甲子園に出場、初戦で広島商業に勝ち、初勝利をあげている。

## 高校の躍進と野球部への期待

岡山学芸館の校舎に入ると今年、令和5年1月に高校サッカー選手権で優勝し日本一となった証、見事な優勝旗が飾られている。学芸館の稿では学校がスポーツを通じて学校、生徒の成長につなげようとしている思いを書いてみたい。

甲子園に3回出場している学芸館野球部は、この春（令和5年）の県大会で優勝した。春の大会は直接、甲子園にはつながらないが、佐藤貴博監督は「勝ちに行きました」と話した。指導方針も含め、今後の躍進に生かすための年と位置付けているのだろう。今、岡山の私学強豪の一角を占める学芸館野球、そして、監督の意気込みなどを詳しく聞いた。

甲子園で校歌を聞く佐藤監督たち（令和元年）

## スポーツのもたらすもの

岡山学芸館高校の森健太郎校長はファジアーノ岡山の創設に関わり、経営にもたずさわっている。サッカー日本一になって一番感じたことから聞いた。

「卒業生たちが日本一の後、学芸館の卒業生ですと言って、学校を誇りに思ってくれるようになりましたね」と話し始めた。国立競技場で卒業生、保護者とも一体になって応援したことの経験はかけがえがない、そして、岡山市の表町や西大寺観音院のパレードを通じて、地域に活力を与えることができたことへの喜びも語った。

サッカー日本一の優勝旗

学校経営をする中でスポーツは生徒たちの成長をもたらすためのツールだと考えていると話は続いた。「木があれば花が咲くが、それを咲かせるための土の中にある根っこを育てるのだ」と説明した。結果が花なのだろうが、スポーツや文化活動をすることが生徒の根本を育てるのだと言うのだ。そして、授業との両立「文武両道」を大切にしたいと締めくくった。

取材の後半は野球部の佐藤監督と二人が校長室に同席したのだが「勝ち負けで一喜一憂はしない」とも話した。今、学芸館は瀬戸内市にサッカー部と野球部の生徒が寝起きする合宿所を持っている。そこには、両方の練習場も備えられている。体をつくるため練習して2時間以内に栄養を摂取してゆけるようにした配慮だそうだ。スポーツや文化活動を学芸館は人間教育の軸にしている。

森健太郎校長

## 佐藤監督と高校野球

監督の佐藤は仙台育英高校の出身で平成13年（2001）の春の甲子園準優勝の時のメンバーだ。そして、その時のマネージャーが昨年の夏の甲子園で優勝した須江航監督なのだ。ちなみに選手として甲子園に出場した選抜は岡山学芸館が初出場した大会で、不思議な因縁だ。大学を卒業後、作陽高校野球部のコーチとなり関西や沖縄尚学などで監督を務めた角田篤敏の下にいた。

学芸館では岡山城東を強豪に育てた山崎慶一を助けて指導をしていた。監督に就任して間もない令和元年夏に、早くも甲子園に出場させた。

「甲子園出場は前任の山崎監督が育てた選手たちですから」と謙遜したが、18年に渡って岡山で高校野球に携わる中で、次第に練習方法を時代に合わせて変えて行こうと考え続けていたようだ。自身の高校生の時を含め、長い時間、厳しく追い込み「精神を鍛える練習が高校野球を強くする」と長く信奉されて来たことへの強い疑問だ。

監督になってレギュラーメンバーを主体に量の練習をしてきたが、1年から3年のすべての選手を練習させるように変化させている。一人一人の練習量は減る、だが、空き時間に自分の苦手な練習に取り組ませるのだ。自身の指導も選手に細かく口出しせずに、練習の状態を見極めてアドバイスする方法に変えたのだと言う。

この春の大会は20人のベンチメンバーの内、6人の投手をすべて投げさせて優勝している。これも、一つの試みだろう。

甲子園での応援風景

## 二つの全国優勝で感じたこと

監督の佐藤は学芸館のサッカー優勝で喜びと悔しさを感じたと言う。教師としてはレギュラー4人の担任で、11人すべてに授業を教えていて喜びを感じた。だが、野球部の監督としては悔しさがあった。

仙台育英の昨年夏の全国制覇も野球部OBとしては同期が監督を務めたこともあって大きな喜びだったが、他県の野球部の監督としては、とてつもなく悔しいことなのだ。そんな体験を経て今、佐藤は新しい指導方法を模索しながら次の大きな飛躍を見据えているのだろう。

3回の甲子園出場を記録した本

## 甲子園への道と球運

佐藤は学芸館でコーチ、監督として指導をする中、甲子園への道で準決勝から先は実力だけでなく、球運もなければ優勝、大舞台へは届かないことを身をもって体験している。それが、平成30年（2018）と令和元年（2019）の夏の岡山県大会の明暗だ。

平成30年の夏の県大会、学芸館は今、日本ハムで活躍する金村尚真が3年のエースで大舞台を狙っていた。倉敷南、林野、笠岡商業、興譲館、東岡山工業と比較的くじ運にも恵まれ、順当に勝利し決勝に勝ち上がった。決勝の相手は創志学園で、今、阪神で活躍している西純矢が2年でエースだった。創志はこの年、練習試合で大阪桐蔭に2度も勝ち、高校野球関係者にその強さが知られていた。案の定、玉野光南11―1、岡山城東7―0、高梁日新11―1と圧勝で勝ち上がり、準決勝では倉敷商業に2―0で勝利して決勝進出を決めた。さすがに、倉商との試合では西が140球以上を投げ、決勝では疲れが残る中での連投となるはずだった。学芸館にとっては西を打ち崩せるのではないかと、大舞台が近づいたかに見えた。だが、決勝は天候が悪化して、休養日となった。

1日休んだ西は、いかんなく力を発揮して10―2と学芸館は敗れた。天候が勝敗を分けたといっていい。この試合の悔しさを胸に学芸館の金村はその雪辱を胸に大学に進学、一回り大きくなりプロでの活躍を見せている。インタビューでも「西投手に負けたことが自分の成長につながった」と話していた。

球運が味方したのは、その翌年の夏の岡山県大会だった。金村が卒業し、チームの力はそれほど高いと思われなかったが、くじ運が味方した。戦いやすい相手と戦いにくい相手が交互にくるトーナメントになったのだ。

一回戦は難敵のおかやま山陽、ここに全力でぶつかり3―2と勝利した。二回戦は岡山大安寺に11―0、三回戦の興譲館にも9―0で戦力の消耗を抑えながら準々決勝の倉敷工業とぶつかった。そして、2―1と辛勝して準決勝を迎える。ここでは、金光学園に8―1と勝って決勝に臨んだ。

決勝は倉敷商業、接戦のすえ2―1で勝利し、佐藤監督は監督として初めての甲子園を掴んだ。主力選手たちの体や心の疲労を抑えながら勝ち上がれたことが一つの要因だったようだ。2年続けての球運の明暗は佐藤の大きな経験値になっているように思える。

自分の高校のサッカー部の全国優勝、そして、同期生が果たした夏の甲子園制覇。身近な存在が成し遂げた2つの出来事を見た岡山学芸館の監督、佐藤。それが、これから何をもたらしてゆくのか、高校野球ファンはじっとみつめている。努力が球運にもつながり、大きな成果が生まれることを願いたい。

アフリカにつながる赤い旋風

# おかやま山陽高校

甲子園出場　春１回（平成30年）　夏１回（平成29年）

**創　　立**　大正13年
**創　　部**　昭和23年
**最高成績**　夏　県大会優勝（平成29年）　秋　中国大会優勝（平成29年）
**主な選手**　仁科時成（ロッテ）藤井皓哉（ソフトバンク）

【ユニフォームの概要】

岡山県の高校野球のユニフォームでは珍しい「シャドー」と呼ばれる文字の右サイドや下部に影のような縁取り刺繍を施している。ユニフォームや帽子、ストッキング、胸文字は赤、黒、白でインパクトが強い色彩だ。アフリカで野球を広める活動をしてきた堤監督。赤はアフリカの国旗では独立のため流れた血の意味とも言われるが、堤監督にとっては異郷でチームを強くするために流した血の涙かもしれない。監督はストッキングで赤と黒を分ける一本の細い白のラインを三途の川と呼ぶ。ピンチになった時、選手には黒の「あの世に行かぬように」と戒めている。

## 話題の多き私学　異色の監督が就任

岡山の私立高校の中で、幅広い話題を持つ高校がおかやま山陽だ。空手の名門校として古くから知られていた。ボクシングで世界挑戦した三谷大和、女子ゴルフで一世風靡した諸見里しのぶなどトップスポーツ選手を生んでいる。教諭と生徒が開いて人気を誇るラーメン店が話題を呼び、自動車整備の技術者を養成することでも評価が高い。ゼロハンカーの大会で全国制覇をする強豪校でもある。

そして、近年では野球部が2度の甲子園出場を果たし、創志学園、岡山学芸館とともに、岡山の新私学三強として常に県大会の優勝を争っている。低迷した時代に野球部を任され今の地位に押し上げたのが堤尚彦監督だ。その経歴は全国の高校野球の監督の中でも群を抜いて異色でユニークである。アフリカの国々で野球を普及させる活動を長く続けていることだけでもすごいが、野球エリ

アフリカの手作りの野球道具を持つ堤監督

ートとは言えない彼がなぜ、大きな結果を出せるようになったのか。監督の歩みを通して、おかやま山陽の野球部を伝えてみたい。

## おかやま山陽野球部　小史

大正13年（１９２３）に生石《おんじ》高等女学校として創設された、おかやま山陽は戦後の昭和23年（１９４８）に土木科、建築科、普通科を併設する生石高等学校に再編され、野球部もこの時、創部されている。生石とは学校のある地名で高校のホームページにも、その由来が書かれている。

昭和50年代半ばまでは大きな結果は出ていなかったが、昭和45年（１９７０）に卒業した仁科時成は社会人野球を経て、ロッテに入団し、１１０勝をあげ主力投手として活躍した。体を大きく使う右のアンダーハンドからの投球が懐かしい。昭和60年（１９８５）春に県大会優勝、平成に入り強化が本格化し、平成２年（１９９０）には

創部当時の野球部

秋の県大会で準優勝して中国大会に臨んだが邇摩高校（島根）に延長16回の激戦で敗れている。

平成18年（２００６）に堤尚彦監督が就任し、力を付け平成26年（２０１４）春の県大会で準決勝に進んだ。その年のエースが現在ソフトバンクで活躍する藤井晧哉だった。平成29年（２０１７）夏には前年、準決勝で敗れた創志学園と決勝でぶつかり史上に残る試合を繰り広げた。８回表まで５点をリードされていたが、その裏に６点を奪い逆転。９回表に再逆転されたが、また追いつき延長に入った。11回途中で降雨コールドとなり史上初の翌日再試合。今度は９―２で快勝して初めての甲子園出場を勝ちとった。その年の秋も岡山県３位校ながら石見智翠館（島根）、高川学園（山口）、瀬戸内（広島）を破って決勝では下関国際（山口）に12―11の乱打戦を制して中国大会に優勝し、翌年の選抜に出場している。

チームの成長と共にユニフォームも変わっていった

## 堤監督の歩んだ道

堤は平成18年（２００６）春からおかやま山陽の監督となり指導を始めるのだが、そこに至るまでが波乱万丈だった。少年時代から、リトルリーグに参加した野球少年だったが、ヤンチャ盛りに一時、野球を離れた。その頃に離島の高校野球を指導する先生の本に感銘を受けて、進学した都立高校で野球に取り組んだ。主将で4番を任されたが、最後の夏は初戦敗退。一年間のフリーター生活の後、大学野球の名門東北福祉大学に進んだ。

入学すると4年に金本知憲（広島・元阪神監督）や斎藤隆（ドジャースで活躍）などレベルの高い選手が揃い、下積みの野球部生活を送った。やがて、野球から離れバイトに明け暮れる中で、アフリカのジンバブエで野球を教える日本人と現地の子供たちの姿をテレビで見た。堤は思い立つと実行するのが早い。ＪＩＣＡ（国際協力機構）に連絡し、2度目の試験で合格し海外青年協力隊員になり、ジンバブエに派遣された。

## アフリカで野球を広める

ジンバブエに渡ったのは平成7年（1995）だ。現地では他の隊員とともに中学や高校に行き野球の指導をすることを依頼していった。だが、バスケットボールやサッカーへの関心が高く、野球、ベースボールはなじみが薄い。授業などで野球を取り上げてくれるようになったが、なかなか定着しなかった。グラブが20個、バットが2本では、多くの選手がずっと練習することができないのだ。こうしたことから、堤は岡山で監督になってから、現地に古くなった野球の道具を送る活動を行ってきた。

2年間の活動を終えて日本に帰ると、外務省からガーナがシドニー五輪の予選に参加するため指導者を求めているとの要請で、再びアフリカに渡った。指導を終えて日本に帰ると、今度は福岡に縁ができ会社に就職した。そこで取り組んだのが通信販売のCMをプロデュースし、青汁を売ることだった。

皆さんもご存じだろうが、ヒューマンストーリーで、元気に仕事や暮らしに頑張っている人たちと青汁の関係を伝える長尺CMを作ったのだ。何回かのシリーズで放送するうちに、商品は大ヒットしビジネスは順調に進んだ。

その間もインドネシアのチームを指導するなどしたが、その時におかやま山陽との縁が出来た。会社はスポーツマネージメントも手掛けていて、女子ゴルフ人気を高めるために、当時アマチュアだった諸見里しのぶを担当することになったのだ。そんな中で前任の監督が行き過ぎた指導があり、おかやま山陽は後任の監督を探していた。そこで、教員免許を持ち、海外でも指導経験のある堤に声がかかったのだ。

## 監督就任と指導の転機

堤の指導は最初から上手くいったわけではない。高校生の気持ちを掴み、引っ張って行ける力がまだなかったからだ。就任最初の年は勧誘活動も出来ず、3人が入部しただけで、しかも残ったのは2人だった。堤は今も部室にその2人の写真を置いている。

転機となったのは2011年ごろ、40歳を迎えようとした頃だ。大会でも勝てず半ば、開き直って自分の強さや弱さも見せながら、選手たちと向かい合うようにしよ

1学年2人だけから甲子園を掴むチームに

うと思った。この時、選手たちに指導の決意表明をしている。その文章が残っている。

そこには慶応大学の監督を務め、アジアに野球を広める活動を行ってきた前田祐吉を心の師と仰ぎ、監督として成長しようとする思いが込められていた。

## 堤40歳　監督としての決意

「10年ぐらい前に、タイの灼熱の太陽の下でベースボールクリニックの昼休みに、不祥事が相次ぐ高校野球を批判する話を師匠である前田祐吉氏にしていると『お前が日本中の中学生が入りたくなるようなチームをつくってから批判しなさい』と一喝されました。それから、数年後、たまたま縁あって高校野球の監督をするようになるのですが、どうでしょう？　残念ながら、まだ師匠に胸を張って見せられるチームは出来ていません。その師匠は今年82歳になります。戦前から、ずっと日本やアジアの野球を支えてきた、野球が大好きなおじいちゃんです。その師匠の最後の弟子が自分だと思っています。その師匠には、野球の歴史を何度も教えてもらいました。

先日、皆さんの協力もあって、海外に中古道具を送ることが出来ました。これは、140年前に日本がアメリカにしてもらったことです。みなさんも、野球が好きだと思います。

その好きなこと、幸せなことを他の人にも伝えたくなるのが人間としての当たり前の本能だと思います。それを70年以上実践しているのが私の師匠です。師匠は80歳を超えても野球が大好きですので敵いませんが、私も半分の40歳ですが、40歳のおっさんが人前で恥ずかしげもなく野球が好きだといえるのは、幸せです。だから、今日40歳にして、改めて心に決めました。

～世界に野球を普及させることを天命と受け止め、世界に野球の素晴らしさを伝えてくれる人材を創る。（メーカーの人、プロ野球選手、指導者、道具を提供してくれる人、海外に商社マンで行く人、などなど、どんな形でも）そのために勝ちたい。ただ優秀な選手を揃えて甲子園に出て勝つのではなく、こういう勝つための使命・天命を持って甲子園で優勝するようなチームの監督として言いたい。

また、君たちには、何度も言っていますが、『がんばれ！』という言葉に価値が出る人間になって欲しいと心から思います。そういう人間が、日本から、このグラウンドから生まれるために、これからも野球に携わってゆきます」。

前田祐吉氏（右）と堤監督

皆さんは、この言葉をどんなふうに感じただろうか。素直に自分の思いを吐き出し、人の心をとらえる言葉ではないだろうか。まるで、青春ドラマの長ゼリフのようにも思えるが、相当な力量を持つ脚本家でも紡ぎだせない不思議な力をもつ文章だ。それまでは、春や秋の地区大会さえ勝ち抜けなかった。だが、この決意を境に、堤は個性的な監督として成長し、チームはプロ選手を生み、甲子園の大舞台にも進むのだ。言葉は人を変え、人の運命も変えてゆく。

前田氏は２０１６年に逝去したが、天国から堤を見守っているに違いない。

## チームの成長とジンバブエの代表監督

就任６年目で地区大会を突破したことを皮切りに、８年目の平成26年（２０１４）には春、夏の県大会でベスト４入りを果たした。そして、この年の秋に藤井皓哉がドラフト指名でプロ野球の世界に進んだ。藤井は一旦、独立リーグに移籍するがそこから這い上がり、現在ソフトバンクで活躍をしている。

堤は平成29年（２０１７）夏と平成30年（２０１８）春にチームを甲子園に導き、おかやま山陽は常に県下で上位に位置するチームに育った。

そんな監督生活を続けている中で、堤には大きな出来事が起きていた。それがかつて野球を広めてきたアフリカからの国家代表チームへの監督就任要請だ。その経緯がまたドラマの様だ。平成27年（２０１５）に突然、重要な試合に臨んでいるときにジンバブエから来客があったのだ。名前はモーリス、若き日にアフリカで野球の普及をしていた時に17歳だったスラム育ちの男だった。二十数年も会っていなかったが「仕事を得て、生活ができるようになった姿を見せたい」というのが来日の目的だった。

海外青年協力隊の仕事を終え帰国後、堤は日本に帰ってから少額だが彼の行く末が気になり、仕送りをしていたという。来日したモーリスに「今、何をしている」と聞けば、国立科学技術大学の教師になっていると話した。しかも、ジンバブエ野球協会の会長に就任していたのだ。ジンバブエは２０２０年の東京オリンピックのアフリカ代表を決める予選に参加することになり、この縁で堤が監督となり選手選考、合宿、予選大会と現地に渡りチームを作り戦った。

来日したモーリス氏

2019年の予選でアフリカ3位と過去最高の成績だった。オリンピック出場はかなわなかったが、堤にとってもジンバブエにとっても大きな一歩を記した。

## おかやま山陽野球部　部訓66か条

おかやま山陽のグラウンドに行くと、部室、練習器具の周辺に番号を打った文章がいくつも掲示してある。それは66条の部訓だ。張り出されているだけではなく、選手は部訓を書いた紙をラミネート加工して持っている。そして、野球部のホームページにも掲載されている。

1・日本一になろう！と本気で考えている
2・闘志なき者は去れ
3・このチームを他人に自慢できる
4・人間が唯一平等なものは一日が24時間であることを知っている。あとは、自分自身がその時間をどう配分するかだ
5・野球を楽しくできないものは、やらなければよい。楽しくとは、我を忘れるくらい夢中になり悪戦苦闘することで、決して楽でも苦労でもない

6・やらされているか、やっているかの違いは自分の意思があるかないかだけであることを知っている……

このあたりは、よくありそうな部訓だが、以下を見て欲しい。人生訓もある。

40・一点突破！自分の最強の武器で勝負する。野球も人生も！

42・うどん屋はうどんを売る。流行に流されない。器やトッピングで誤魔化さず、素うどんで勝負できないような店は話にならない

43・世界に誇るTOYOTAもHONDAもSONYも、もともとは小さな町工場から始まった

44・練習、食事、睡眠、勉強、あらゆる行動が修行であり、修行は自分の手で片付けを完了した段階で身に付くことを知っている

堤が指導した各国のユニフォーム

45・テレビを見ながら、ラーメンを食べる動作に、プレーのヒントが隠れていることを知っている

野球に取り組むこと、生きること、それが、より良き人生につながることを教えているようにも思える部訓だ。

そして14条は、「甲子園を愛しているのではなく、野球を愛している」

アフリカの大地とつながり、挫折を続けた監督が部員と歩む姿。その戦いぶりに、これからも注目して欲しい。

# 4

# 名勝負　普通科校の奮闘と無念

幾たびもの大安寺旋風

# 岡山県立岡山大安寺中等教育学校

**創　　立**　昭和38年
**創　　部**　昭和39年
**最高成績**　春　県大会決勝(昭和48年)　夏　県大会決勝(昭和48年・62年)
秋　県大会優勝(昭和63年)

**【ユニフォームの概要】**

岡山市の県立普通科高校3番目の学校として開校した岡山大安寺の野球部は何度も県下の高校球界に旋風を起こしている。ユニフォームは創部当初、Dの花文字(通称ドイツ文字)を左胸に付けていた。その後、花文字で「DAIANJI」と表記するようになり、昭和48年に夏の県大会で決勝に進んだ時も、そのデザインだった。

その後、字体が変わったり、袖にラインが入るなどしているが「DAIANJI」の表記と黒主体のデザインが守られている。

## 子弟同行　授業第一　5時下校

岡山朝日、岡山操山についで岡山大安寺は、昭和38年（1963）、岡山市3番目の普通科校として創立された。平成22年（2010）に県下で初めての中等教育学校となり、6年間、同じ学校で学ぶ県立岡山大安寺中等教育学校となっている。「子弟同行、勉強第一、五時下校」は大安寺卒業生なら誰でも知っている校訓だった。古い歴史を持つ朝日、操山に勉学で負けないようにと掲げられたメッセージだったのだろう。今は部活動をする生徒は、そこまではないようだが、当時は野球部も短い時間しか練習できなかった。

大安寺の卒業生は岡山の政財界だけでなく、様々な分野で活躍している。

総務大臣を務めた片山善博、岡山県知事の伊原木隆太、歴史学者で作家の磯田道史、タレントの藤原史織（ブルゾンちえみ）、漫才・コントで活躍しているロングコートダディの兎など多岐に渡る。

そして、岡山の高校野球を古くから見てきたオールドファンには、やはり昭和48年（1973）夏の大安寺旋風が印象深いだろう。倉敷工業、岡山東商の二強が全国でもトップクラスの力を持っていた時代だった。昭和30年代以降、普通科校が夏の決勝戦に進んだのは初めてで、それが五時下校の校訓とあいまって、襲撃的な出来事でもあった。

## バックネットなしのグラウンド

会員しか見られない岡山大安寺野球部OB会サイトをのぞかせてもらうと、膨大な記録がまとめられている。18期のOB竹中健二さんたちの労作で、それぞれの期の戦績、記念写真が収められている。9期生、最初の旋風を起こした年代までは、きちんとしたバックネットがつくられていない。簡単なネットを張って代用していた様だ。フリーバッティングのゲージも1つだけ、5本打てば、それで終わりだった。練習時間はせいぜい1時間半。環境は十分でなく、練習時間も短かったが、勝ちあがったのは不思議ではなかった。

当時3年生9人の内、運動能力が高い投手経験者が5人もいた。一つ上の学年が3人という部員不足で、9期生は2年の時から試合に出て経験豊富だった。競争心がそれぞれにあって、力を付けていった。旋風の立役者、エースの西山裕（現姓原）は言った。「元々、僕は五番手の投手でしたからね。負けたくないから、投球の工夫やトレーニングを重ねた」と意外な答えが返って来た。

もう一つ、例年3年生の運動部員は早く勉強に集中するため、三校戦（朝日、操山、大安寺）の試合が終わると6月に引退する。だがこの年、9人の3年生は主将の国藤主将らが一致して、夏の大会まで試合することを決めたのだ。なにせ、春の県大会では準優勝するほど力を付けていたのだ。普通科校の意地もあっただろう。練習が禁止されている試験期間も、秘かに練習を重ねた。

## 快進撃と決勝までの5連戦

主将の国藤は打率の高いトップバッター、2番荒木はプッシュバントの名手、3番は足の速い坪井、5番の西山は投打の要だった。そして、夏の大会の快進撃が始まった。サイドハンド西山の投球は2種類のカーブ、そしてシュートを持ち、配球の妙で相手打線を抑えた。だが、苦しい試合の連続で、しぶとく勝ち上がっていた。

シード校として二回戦から登場した大安寺は、津山との対戦で延長11回の熱戦を4―3でサヨナラ勝ちする。エース西山を温存したのが裏目に出て、終始リードされた。だが、西山がリリーフし、9回裏に追いつき突き放した。サヨナラの得点は西山の犠牲フライだった。

3回戦は水島工業、西山がうまく相手打線をかわして、7回まで1安打の好投。試合は終盤までもつれたが、8回裏、西山の三塁打、山崎の二塁打などで3点を取り突き放し、4—1の勝利。準々決勝、和気閑谷戦は6回表に押し出しで取った虎の子の1点を守り切り1—0の辛勝。西山の活躍をみると、現代の大谷翔平をほうふつとさせる活躍ぶりだ。スリムでハンサムな西山は快進撃とあいまって、スタンドからは女子学生たちの大きな声援があった。そんな華やかな光景ではあったが、何とか勝ち上がる苦しい試合の連続。そして、何よりも二刀流の西山は爆弾を抱えていた。

## 故障と戦いながら

西山は中学時代の最後の試合で腰を痛め、それが高校に入っても続いていた。大会期間中も連日、整体院に行き筋肉をほぐす電気治療などをして、腰をだましだましながらの連投だった。

準決勝の岡山日大（現倉敷高校）戦は2点を追いかける展開だったが、8回表に同点とし、9回表、西山の三塁打と和田のヒットで決勝点を挙げて逃げきる3—2の逆転勝利だった。歓喜に沸く大安寺スタンドだったが、この試合まで好投、好打の大黒柱西山が疲れを出していたのがわかった。感覚がマヒして本調子でなくなっていたのだ。

エースは故障で病院に通いながらの登板、初戦でリードオフマンの国藤が足首を捻挫し、一時スタメンからはずれ、足を引きずりながら代打で出場した試合もあった。ナインはコンディションが万全でない中で、踏ん張っていた姿が浮かびあがる。

## 針治療で臨んだ決勝戦

今と違い、この頃の日程に休養日はない。しかも、二回戦から登場した大安寺は初戦から準決勝まで4日間連続の試合だった。しかも、翌日が決勝戦だ。西山は初戦こそリリーフだったが、ほぼ完全投球の4連投だ。決勝は体力の問題に加え、不調の体に針を打って5連投に挑んだ。

対戦相手は岡山東商、この年、一時、学

決勝進出を決めた大安寺ナイン

**昭和48年夏　岡山大会　準決勝**

| | | | | | | |
|---|---|---|---|---|---|---|
| 岡山大安寺 | 000 | 000 | 021 | 3 | 西山―山崎 |
| 岡山日大 | 010 | 010 | 000 | 2 | 今井・川本・山本―木田 |

校の不祥事で対外試合が禁止され、ノーシードだった。投手陣など選手層が厚いうえ、こちらは決勝まで3人の投手を持ち4連戦だった。結果は序盤から相手打線に西山がつかまった。不十分な体調で臨んだ試合、エースの心はどんな思いだったか。体が完調であれば、結果はどうだったのか。決勝の記録を見ると切ない思いがする。

故障を押しての5連投、二桁得点は許したが西山は完投した。スコアを見てみると失点はイニングに1点か2点。そこに、様々な工夫で巧みな投球をしていたことが感じられる。「腰の動きと投げる動きを変えてタイミングを外した」「インコースに緩いボールを投げると打ち損ねる」などの投球術の一端を話してくれた。ストレートは、今でいえば125キロの普通の投手だったと言うが、現代にも生きる技術だろう。

感覚がマヒして、ボールが走っていないのに好調に思えるような不思議な

力投する西山投手

**昭和48年夏　岡山大会　決勝**

| | | | | | |
|---|---|---|---|---|---|
| 岡山東商 | 020 | 212 | 012 | 10 | 土居・今井—山本 |
| 岡山大安寺 | 000 | 000 | 000 | 0 | 西山—山崎 |

感覚だったとも言った。得点を重ねられながらも、力を尽くそうとした西山投手。前年の秋の地区大会で大安寺は岡山東商に対してコールド勝ち寸前から逆転をされた記憶もあり、力には本来差はないと感じていた。悔しかったと思う反面、早く終わって欲しいとも感じていた。

大安寺の奮闘はのちに活躍する玉野や朝日、操山、津山、芳泉などの普通科校に力を与えるものだっただろう。そして、大安寺はその後も普通科の雄としての旋風を起こす。

敗戦後のミーティング

## 大安寺の由来

大安寺という校名は、実は中世に大和（奈良）の大安寺が、この地に荘園を持っていたことにちなむ。その昔、大安寺は国の平穏を祈る最初の官寺で、仏教研究の最高学府でもあったようだ。校名に採用されたのは勉学に励めとの意味合いも込められていた。そんな学校が野球で何度も活躍した事は不思議だ。だが、野球が好きな選手たちが、限られた環境の中でも工夫し、励めば、結果が出ることを証明した。それは、普通科校として甲子園に5度出場した岡山城東の出現につながる。

実際、旋風を起こした西山は中学校の教員となり、岡山城東の山崎元監督と教員ソフトボールクラブで知り合い、指導も行っていた。城東に進学できそうな有力な選手の情報提供もしていたと言う。

## 昭和62年　ふたたび夏の大会決勝戦へ

話は、第二次大安寺旋風ともいえる昭和62年（1987）夏に移る。この年は中学野球で活躍した選手が何人もいた。捕手の石田敦志は早島中で県大会準優勝、3位の御南中からは板野、野木、菅野ら6人など多士済々だった。石田は言う。「秋の大会からの選抜、夏の大会から甲子園にいける気で満々でした」と自信を持っていた。

前の年も大安寺は秋の県大会で準優勝し、秋の中国大会に挑んでいた。期待された大会だったが、場慣れしていなかったのか、一回戦で米子を終始押しながら、3度もの満塁のチャンスをつぶす、まずい試合運びが重なり球運を逃がしてしまう。延長10回2—1でのサヨナラ負けだった。

当時の大森監督は「新チーム結成以来、わずか12試合しかしておらず、経験不足だった。来年夏までに攻撃力をアップさせてもうひと暴れしたい」と充実した戦力を生かせなかったことを悔やんだ。大森監督は選手の自主性や判断に任せて選手に野球をさせ、石田は「楽しく自由に野球をやってましたよ」と笑った。そんな大安寺は、夏に向け旋風を吹かせる準備を整えてゆく。

石田さんと鈴木さん

## 板野の好投　鈴木のホームラン

例の通り、夏の大会の前の試験期間中は練習禁止だが、選手たちは秘かに公園に集まり、素振りをし、体をほぐすなどして最後の夏に挑んだ。

夏の岡山大会では見事な戦いを見せた。一回戦笠岡工業に3—2ときわどく勝ち、二回戦は開校四年目の玉野光南に10―4で快勝。そして、三回戦からは名だたる強敵を連破する。

岡山東商相手に2点をリードされながら、鈴木章弘が2試合連続となるスリーランホームランで逆転し、6―3で強敵をねじ伏せた。筋力トレーニングをしていた鈴木は「またホームラン打ちたいです」とコメントを残した。鈴木は「部員の一人が社会人野球の筋肉の瞬発力を高めるトレーニングメニューを伝えてきて、昼休みに部員たちは取り組んだ」と。そして、「自分は内角、真ん中、外角でミートするポイントを決めて打つようにしたら、絶好調になった」と振り返った。筋トレと打撃開眼の鈴木はこの年の夏、投手の板野と並んでチームを牽引した。

準々決勝は名門倉敷工業相手に、エースの板野がコーナーを巧みに突く投球で3安打に押さえた。8回まで互いに無得点だったが、9回表、ランナー2人を置いて是永のライト前のヒットがイレギュラーする三塁打となり、2―0で勝利した。そして、準決勝は普通科校同士の名勝負となった。

## 大安寺VS朝日　緊迫の準決勝

秋の準優勝校の大安寺、春の準優勝校の朝日と普通科校同士が準決勝で戦う歴史に残る試合は、互いにランナーを出しながら投手の踏ん張りと手堅い守りでロースコアのゲームとなった。エースの板野は制球力が悪く、6度も無死の走者を出したが得点を許さなかった。勝負を決めたのは2回裏、インタビューでの宣言通り、またも鈴木のホームランだった。岡山県営球場のレフト場外に飛び出す、まさに値千金の一発となった。

## 決勝の相手関西　速球派か　軟投派か

決勝は古豪関西。主将はのちに監督になる江浦茂、2年には背番号11ながら本格派の右腕松岡大吾がいた。松岡はヤクルトにドラフトされる注目の選手だった。大安寺は夏の大会の前哨戦、当時あった八校選抜で関西の松岡を打ち5―4で勝っていた。「甲子園に行ける」、選手たちは思っていた。「球が

**昭和62年夏　岡山大会　準決勝**

| | | | | | | |
|---|---|---|---|---|---|---|
| 岡山朝日 | 000 | 000 | 000 | | 0 | 平井―生本 |
| 岡山大安寺 | 010 | 000 | 00× | | 1 | 板野・森野―石田 |

速く威力はあるが松岡を打ち崩せる」と。

対戦相手の関西は公立高校で長く指導してきた、経験豊富な服部与人が監督に就任し、古豪復活を目指していた。

決勝の関西のスタメンを見て大安寺は当てがはずれた。背番号1を付けた軟投派、凪恭史が先発だったのだ。スライダーが打ちにくく、大安寺打線は苦しんだ。関西は打ちあぐねる大安寺に小技で着々と加点した。犠打で送り、単打で返し、長打のランナーを犠牲フライで返す、スモールベースボールで、甲子園を目論む大安寺にプレッシャーをかけた。

7回表の大安寺の1点は菅野のホームラン。一矢報いたが無念の敗戦だった。

技巧派を登板させ強打の大安寺をかわした服部監督の老獪さが、はつらつ自由の大安寺を封じた試合だった。

石田は「悔しかったですけど、切り替えて勉強しました」と苦笑いした。石田は京都大学に進学、京大野球部の監督も務めている。岡山に帰ってからはＮＨＫの野球解説でおなじみだ。

**昭和62年夏　岡山大会　決勝**

| | | | | | |
|---|---|---|---|---|---|
| 岡山大安寺 | 000 | 000 | 100 | 1 | 板野―石田 |
| 関西 | 010 | 120 | 00× | 4 | 凪―小原 |

## 3度目の旋風　秋の大会優勝

昭和63年（1988）昭和最後の秋、大安寺はこのシーズンでついに、県大会を制覇した。2年前、秋の大安寺の活躍にあこがれ入部してきたメンバーだった。エース小川貴弘がチームを引っ張り優勝につなげた。先輩たちの活躍や練習ぶりを見た経験が伝わり、結果につなげた。

水島工業3―2、金光学園3―1、準決勝では翌年の夏に甲子園でベスト8に入る倉敷商業に3―2と逆転勝ちした。決勝は作陽に3―1で勝ち、大安寺は初めて県大会で優勝を果たした。小川はすべて先発完投での勝利だった。

優勝旗を持った大安寺ナイン

**昭和63年秋　岡山大会　決勝**

| | | | | | |
|---|---|---|---|---|---|
| 作陽 | 100 | 000 | 000 | 1 | 田吹―谷田・林田 |
| 岡山大安寺 | 000 | 110 | 10× | 3 | 小川―寺脇 |

## 中国大会前も　練習時間は増えず

そして、秋の中国大会が岡山県営球場で開催され、大安寺は優勝校として選抜をかけて出場した。「こんどこそ甲子園！」と本来なら力が入るところだが、大会前の練習も5時下校は変わらず、学校に練習時間を1時間延ばして欲しいとの直談判も却下された。当時のセカンド蜂谷基治が話した。「勝てば甲子園という大きな試合なのに、学校も普段通りでした。優勝が決まって中国大会の前にあった中間テストの時も練習ができませんでしたし、何より学校は全く甲子園を考えていない感じでした」と苦笑いした。

大安寺が臨んだ中国大会は平日の午前の開幕試合。選手たちは自転車で岡山球場に向かった。簡単な開会式のあと、松江商業との試合はテンポが良すぎるほど早く進行した。相手投手の二瀬が右サイドから、ポンポンと投げ込む速さに巻き込まれた上、鋭いシュートに打線が沈黙し

優勝時のメンバー　蜂谷さん

たのだ。わずか3安打、ランナーを2塁に置いたのは2度だけ。そして、2点をリードされた最終回、監督の作戦は疑問符がついた。

## えっ、ここで送りバント？

2点リードされた9回裏、一死1塁。普通は、なんとか同点のランナーを出してヒットを後続に期待するのが常道だ。監督はここで送りバントを命じた。打者も生きようとするセーフティーバントではない。送りバントは決まり二死2塁になったが、結局ヒットは出ずに試合は終わった。1時間半ほどの試合、あっという間に甲子園は消えた。

監督は「あそこで1点をとれば、1点差負けで、松江商業が優勝でもすれば選抜の可能性が残る」と考えたそうだ。そんな、小さすぎる可能性にかけたくなるほど、この試合、大安寺は元気なくあっさりと負けた。試合終了は午前11時ごろだった。

監督は夢が消えた選手たちに言った。「午後からの授業に出よう。今から帰るぞ」と。蜂谷たちは、また、自転車に乗って学校に帰って行った。蜂谷は言った。

「進学校の野球部ってこんなんだと思いました」と。

平成に改まった翌年の夏は、二回戦でエース小川の好投に応えることが出来ず東岡山工業に2―0で敗れ去り、25期生の高校野球が終わった。

## 大安寺の大旋風を期待する

大安寺の取材をして感じたことは、野球部の卒業生たちの縦の連絡がとれていることだった、試合データや写真の整理など、それぞれの世代の思いを次の世代につないでいる。それは野球だけでなく、部員たちに生きてゆく大きな糧になるに違いない。中等教育学校になり、大安寺は学業で朝日、操山と競い合う結果を残しているようだ。

それにとどまらず、また、進学校の野球で大旋風を見せて欲しい。

サラリーマン監督の奮闘とその時代

# 岡山県立岡山朝日高校

鳴尾球場　全国選手権１回　岡山一中時代（大正10年）

**創　　立**　明治7年
**創　　部**　明治32年
**最高成績**　夏　全国大会準々決勝（大正10年）　県大会決勝（昭和58年）
　　　　　　秋　県大会優勝（昭和13年）

**【ユニフォームの概要】**

戦前のOKAYAMA、OFMS（OKAYAMA FIRST MIDDLE SCHOOLの略）などから、学制改革で「ASAHI」の表記となった。長く巨人軍の採用していたロゴが使われているが、昭和58年夏の県大会準優勝の時はゴシック体の表記だった。岡山朝日は左袖の三足烏のマークが特徴的だ。開校当初に作られた校旗に刺繍された烏をデザイン化したもので、中国の伝説上の烏と日本神話の八咫烏を融合させたものと言われる。戦前から運動部のマークとして使われ野球部では現在もそれが受け継がれている。高野連の規定もあり校章以外のシンボルマークが使われるのは非常に珍しい。有名校では仙台育英のライオン、福井商業の炎、横浜の帆船などがある。

## 岡山朝日が思い出させた　大正10年の記憶

昭和58年（1983）の夏、運動公園にある岡山球場は異様な熱気に包まれていた。それは、放送局の報道部員として3年目の私にも影響を及ぼした。「朝日が甲子園に行くかもしれんから石原、空撮に行け」と指令が出たのだ。その日は、泊まり勤務だったが午前中から出勤して昼ニュース用に前打ちの原稿を書いた。

「勝てば岡山南は2年ぶり、岡山朝日が甲子園に出場すれば、実に岡山一中時代の大正10年以来、62年ぶりの全国大会出場となります」と書いたのを思い出す。それは、岡山の夏の一大事件だった。朝日出身の大先輩たちは、そわそわしていた記憶がある。

ちなみに、大正10年（1921）はワシントン軍縮会議開かれ、日本の艦船保有数が英米より低く抑えられ、普通選挙法に力を尽くした原敬首相が暗殺された年で、のちの大戦争に向かうような動きが始まろうとしていたころだ。この時の岡山一中は山陽大会の決勝で広陵に再試合で8—6で勝ち、鳴尾球場行きを決めている。再試合となったのは、逆転ホームランとなるはずの判定を巡ってファウルとされたことに対して一中が抗議し、観客も交えた大混乱が起きたためだった。甲子園はまだ出来ておらず、そこで大会が始まるのは4年後のことだった。一中は函館中、長岡中学に勝ち、準々決勝で大連商業（満州代表）に敗れている。

## サラリーマン監督の奮闘

自主自立をうたい岡山朝日野球部には長く教員監督がおらず、社会人監督が十分に指導できず、昭和30年代以降、低迷が続いた。部員不足も原因だった。

そして、昭和58年（1983）、突如として覚醒するのだが、それを話すには監督の塚田克仁を登場させなければならない。塚田は昭和43年（1968）卒業で、一浪の後、大学に進み、卒業後、岡山に帰ると関係者に乞われて監督を引き受けた。昭和51年（1976）だった。

仕事は重機販売の営業マン、仕事の合間や仕事終わりに週2〜3回、指導でグラウンドにあらわれた。そうすると、徐々に上手くなってゆく選手を見て、回数が増え

塚田監督

ていった。そして、平成7年（1995）まで監督を続けた。監督を降りたのはリストラにあったためだったが、その後コーチに復活し、60歳まで指導を続けた。

サラリーマン監督は、やはり大変だった。まず、仕事の時間は外回りの手の空く時間を作ればいいが、それには営業成績を維持しなければ、監督をやめろといわれる。だから塚田はセールスを頑張った、県北に転勤になった時は、岡山まで週に何度も往復して練習を見た。大変なのは出張の時間までに試合を終わらせなければならない時だった。出張の準備をして球場に行き、終わればすぐに駅などへ急ぐ。塚田はそれを懐かしそうに話した。

## 13年連続初戦敗退チームの進撃

昭和58年（1983）夏、岡山朝日は13年連続初戦敗退したチームとは思えない快進撃を始めた。抜きんでた選手はいないが、各々が自分の能力を発揮できるチームに育ったからだ。塚田にとって就任7年目だっ

エースの田辺投手

た。

投手は左腕の田辺優、コントロールが良くアウトロー、インローの投げ分けで打たせて取った。四球をほとんど出さなかった。一試合を90球余りで終わらせる技術を持っていた。主将はサードで東大志望の西田正信、捕手の徳永正博は強打の四番、ショートの本田陽一は器用ではないがエラーをしなかった。外野はレフトの小林正宏、足も遅く、肩も弱いがポジショニングでカバーする。足が遅いのにセーフティーバントを決め、バントの技術が巧みで京大に進学した。センター片山永三も落下点に入るのが早かった。ライトの尾島孝則は鉄砲肩だ。塚田は当時の選手の様子を一つ一つ、思い出すように語った。春の大会でプロに行く佐々木誠のいた水島工業に僅差ながら勝ち、自信も付けていた。

夏の大会、当時、上位進出の常連校玉野を3―1、東岡山工業を6―1、準々決勝で倉敷青陵4―1、準決勝では古豪玉島商業を1―0で下して、あれよあれよという間に決勝進出。決勝の相手は黄金期を迎えてい

五校からの合同応援団

た岡山南、相手に不足なしだ。阪神に進む横谷総一がエースで、朝日が横谷をどう崩すのかが注目された。

岡山県営球場には朝日だけでなく、操山、大安寺、芳泉、一宮と普通科五校の応援団がスタンドを埋めた。空撮で上空から見ると入場口に長い列ができ、観客の白い服が次々にスタンドを埋めてゆくのが見えた。

## 最初から狂ったエースの投球

甲子園でもそうだが、決勝戦は球場で事前の打撃練習が行われて試合が始まる。だが、これが朝日の選手の調子を狂わせた。ルーティーンが崩れたのだ。戸惑いながら練習した選手たち。監督の予感は当たった。

コントロール抜群のエース田辺がいきなり先頭バッターに死球を与えたのだ。ベンチも考えられない出来事に「えっ！」と声が上がった。正気を失った朝日ナ

岡山朝日ナイン

インと塚田監督。そのあと、相手の送りバントをトンネルしたり、三塁前のバントを西田が暴投と、完全にチームは動揺して守備が崩れてしまった。五回までは0—0で行きたかった塚田の思いとは全く違う、初回、いきなりの5失点となった。もう、流れは止まらなかった。

6回までに9点を失い朝日は7回裏の攻撃を迎えた。この回、先頭打者が出た。主将の西田が監督に伝えた。「1点取りたいです」。塚田も選手たちの思いを察した。0点では3年間の努力やここまで勝ち上がってきた喜びも雲散霧消する気があったのだろう。暴投と送りバントで一死3塁、西田はタイミングを見てスクイズし、思い出となる1点を入れた。球場では今更のスクイズでの1点にヤジが飛んだ。13年連続初戦敗退からの決勝進出は、ほろ苦い最後だった。

岡山朝日では、昭和55年（1980）から「岡山朝日高校野球部を甲子園に送り出す会」がつくられ、毎年、選手たちを激励している。そんな中で起きた快進撃、無念の決勝戦だったが多くのOBたち、高校野球ファンの心にその健闘が刻まれた。

**昭和58年夏　岡山大会　決勝**

| | | | | | |
|---|---|---|---|---|---|
| 岡山南 | 510 | 021 | 001 | 10 | 横谷—秋山 |
| 岡山朝日 | 000 | 000 | 100 | 1 | 田辺—徳永 |

## 無念から４年　春夏の奮闘

昭和62年（１９８７）の春、夏と岡山朝日は、再び活躍した。塚田監督は津山に転勤となり指導する時間は減っていたが、選手たちは冬場の走り込みやウエイトトレーニングなどで体を作り、それがいきて来たのだ。見違えるほど攻撃陣が成長し、ホームランも打てる打線になっていた。力を付けて「ホームランを狙うな」と監督が言うほどだった。確実性を狙ってセンター返しをさせると、鋭い打球が試合で見られるようになった。練習試合で何人もの相手投手が、ケガをするほどの打球だった。

春の県大会では決勝に勝ち上がり、その年の夏、甲子園でベスト8となる関西に敗れたが準優勝を果たした。夏は準決勝で大安寺との普通科校決戦。朝日の平

春、準優勝した選手たち

井、大安寺の板野が調子が悪いながら要所を締め、接戦となった。朝日は無死の走者を6度出したが、無得点。大安寺の鈴木に打たれた1本のホームランが勝負を決め、1—0で敗れ、再度の決勝進出はならなかった。この時の選手は岡山の経済界で活躍している。キャッチャーの生本尚久、ライトの永山雅己、ショートの奥一三らだ。塚田にとって指導した選手たちの社会での活躍は、営業マンとの二足のわらじで頑張った誇りだろう。

## 祈念　朝日の活躍再び

塚田は長くOB会の事務方を務めた。取材の時には新たなOB会の体制を固めるため名簿作りに取り組んでいる最中だった。倉敷工業の名将だった小沢馨をはじめ、多くの指導者からアドバイスを受け、社会人監督として長きにわたって頑張った塚田に心からの敬意を表したい。

総合選抜がなくなり、岡山朝日は県内の高校の進学のトップ校としての存在を示している。いつか、再び、ユニフォームの左袖の三足烏が羽ばたくところを見てみたい。

二中の誇りと伝説の右腕

# 岡山県立岡山操山高校

**創　　立**　明治33年(岡山県高等女学校)　※戦後、二中と統合され操山に
**創　　部**　大正12年
**最高成績**　春　中国大会準々決勝(昭和50年)　夏　山陽大会決勝進出(昭和21年)

**【ユニフォームの概要】**


岡山二中時代には、二中をデザインした校章を左胸に付けていた。

戦後間もない昭和22年に岡山·広島·山口で争う夏の甲子園の山陽地区大会で決勝に進んだ時もこのユニフォームで戦っている。

その時の捕手、宮原実が早稲田大学で大活躍し、社会人野球のカリスマとなった。その影響で早大に申請して、エンジ色の早稲田文字で「SOZAN」と表記することを許可されたと伝わる。その後、デザインは何度か変わり、昭和の後期に入りエンジの縦書きで「操山」と表記されるようになった。

## 岡山二中の心意気

岡山操山高校の前身、岡山二中は当時、岡山市で二校目の旧制中学として大正10年（1921）に開校している。明治初期に中学と名乗るようになった岡山中学（現岡山朝日）は二中の開校にあわせて、岡山一中と改称している。江戸時代からの学問の拠点を受け継ぐ一中に対して、新しく生まれた二中は先輩校に負けるなという気風があったといわれる。

校風の研究者は二つの中学を比較して、こう論じている。二中は開校当初から上級学校への進学率など一中を意識していた。二中は管理が厳しくスパルタ的で、一中はよく言えばリベラル、悪く言えば生徒が自由勝手であった。後輩の二中が追い付け追い越せと一中をライバル視していたことがわかる。一中は当時全国でも珍しい東京帝国大学の制帽を模した角帽を採用していた。二中は丸い制帽を取り入れようとしたが一中に負けまいと同じように角帽を採用したと伝わっている。ちなみに一中の制服は7つボタンで、憧れだったといわれる。

岡山二中は開校から三年目の大正12年に野球部が作られた。明治32年（1899）に野球部ができた一中に遅れること20年余りで野球での争いも始まったことになる。戦前は関西、一中、二中、津山中、岡山一商（現岡山東商）などがせめぎあった。

岡山勢は当時夏の全国大会出場を争う広島・山口の壁が破れず、一中が鳴尾球場時代に一度、出場できただけだった。

## 終戦直後、二中の輝き

第二次世界大戦のため、昭和18年（1943）から（昭和17年は文部省が主催）夏の全国大会は3年間の大会中止を余儀なくされた。終戦の翌年、昭和21年（1946）には大会が復活した。岡山県でもユニフォーム、バットやグラブなどの用具は十分になかったが、当時の加盟校21校のうち14校が参加して岡山県大会が開かれている。決勝戦を戦ったのは岡山二中と岡山一商だった。9回まで7—7の熱戦は延長10回表に二中が4点を入れ、県大会で優勝し、甲子園への最終関門、山陽大会への出場を決めている。

この年、二中には、のちに早稲田大学に進み大活躍する

戦後すぐの岡山二中ナイン

捕手の宮原実がおり、法政大学に進む川部孝至などの選手が躍進を支えた。岡山に滞在していた名選手に指導を受けたことやＯＢのサポートが躍進の原因と伝えられているが、一中に負けるなと踏ん張った二中の意地が花開いた時代だった。残念ながら山陽大会では、決勝で夏の甲子園で準決勝に進出する下関商業に11―4で敗れている。翌年、昭和22年（1947）も山陽大会に進んだが、一回戦で再び下関商業に1―0と1点差で敗れ、大舞台に足を踏み入れることはできなかった。

## 記念誌に書かれたＯＢの思い

戦後すぐの活躍を引き継いだ部員たちの魂を伝えるのが平成25年（2013）に発行された岡山県立岡山操山高校「野球部90年の軌跡」という冊子だ。その冒頭の言葉が印象深い。

「進学校からは到底考えられないほどの厳しい特訓にあけくれた日々、厳しさに耐え忍び、また逃れるために必死だった……」

戦後、二中と岡山第一高等女学校を母体に共学の岡山操山高校となり校風も戦前と変わっていった。だが、野球部には二中から受け継がれた負けじ魂が、ある時期まで強く伝わっていたのだろう。昭和56年に卒業し、のちに部長、監督もつとめた正木茂樹は、こんな風に綴っている。

「難関校を目指しながら努力する先輩、左右両投げや打撃でテニスコートに放り込む先輩、ホームにノーバウンド送球の先輩、夏の選手権に負けて慟哭する先輩等々、多くの先生、先輩に影響を受けました。夏の記念館での合宿、山田先輩の血染めのノックや黒住先輩との走り込み、甲子園出場の宇治高校と好ゲームをして円山先輩（操山出身の監督）から甲子園で会おうと言われたこと、強豪校岡山南への勝利、練習中の脱臼や試合中スパイクされての退場等々、すべてが脳裏に焼き付いています」

なかなか大会で上位に進出できなかったが、岡山操山には二中からの負けじ魂が受け継がれていた。

操山野球部記念誌

## 岡山のスポーツを支える　操山ＯＢ

操山野球部の記念誌を見ると日本のトップリーグで大活躍するソフトボールチームを持つ「平林金属」社長、平林実の寄稿もある。地元の新聞社へ掲載されたものを転載したもので、高校野球への思いがあふれた文章だ。ちなみに、彼の父、平林久一（令和5年3月逝去）も二中出身の熱血の人だった。

「思いをのせたスイング、体を張ったディフェンス、力の限りの声援、9人だけでなくベンチ、スタンド、みんなで挑むのが高校野球。日本一の岡山大会を期待しています」と。

高校野球で仲間と根性だけでなく、人への感謝を学んだとの内容だ。平林金属では男子、女子のソフトボールチームを持ち、軟式野球のチームも活動している。スポーツで人を育て、地域の活力につなげることを続けている。これも二中、操山の魂の継承なのだ。

## 昭和50年夏、黒住の快投

先の記念誌の引用に出てきた黒住先輩とは、昭和50年（1975）夏の大会で驚異的な投球をした黒住克己（昭和51年卒）のことだ。戦後すぐの時期を除けば操山の存在感を一番示した時で、その立て役者だ。

この大会、岡山操山は準々決勝に進むのだが、その勝ち方がすさまじかった。二回戦から登場した岡山操山は吉備（現岡山商大附属）戦で9—0と7回コールド勝ち、黒住は参考記録ながらノーヒットノーラン。さらに3回戦の金山学園（現岡山学芸館）戦でも8—0で7回コールド勝ち、黒住は2試合連続でノーヒットノーランで抑えた。高校時代の作新学院、江川卓のようだ。

準々決勝では強豪玉島商業を相手に8回一死までヒットを許さなかった。実に21回1／3もの無安打ピッチング。全国紙面でも取りあげら

力投する黒住投手

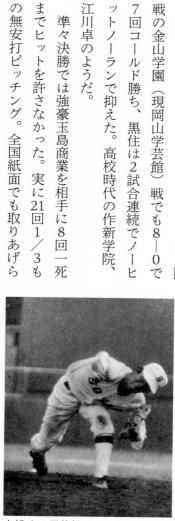

れた快投だった。

「ヒザを故障して手投げになっていたんですが……」黒住は当時のことを謙遜して話したがダイナミックに投げ込む投球は力強かった。コーナーに球を投げ分ける繊細さもあって、甘い球がなかったのだろう。写真を見ると眼鏡姿で闘志満々の投球をしていたことがわかる。黒住の好投に応えようと打棒も火を噴いた。

ただ準々決勝はやはり厳しい戦いだった。玉島商業は前の年に甲子園に出場した強敵だった。

玉島商業の西は評判の好投手、甲子園でもマウンドを任された選手だ。延長となる息づまる投手戦。緊迫の中、操山は押し気味に試合を進めていた。わずか2安打だったが5四死球を選び、敵失もあって1回と7回を除いて毎回ランナーを出していた。だが、まずい走塁などで1点が取れず、黒住の好投は報われなかった。

延長10回二死からの四球とヒットでピンチを迎えた。最後は球威が落ち、甘い球を狙われ三遊間を破られ、操山旋風は終わった。

**昭和50年　夏　岡山大会　準々決勝**（延長10回）

| | | | | | | |
|---|---|---|---|---|---|---|
| 操山 | 000 | 000 | 000 | 0 | 0 | 黒住―山本 |
| 玉島商 | 000 | 000 | 000 | 1 | 1 | 西―吉川 |

## 操山旋風から受験へ

岡山操山のこの年の3年生は入部当初の11人から4人になっていた。比較的短い時間の練習だが進学校らしからぬ厳しさ、そして、大学進学への不安から人数が減ったのだ。黒住は中学時代、県大会で3位となる活躍をしていて、岡山東商や倉敷工業からも誘いがあったが、大学への進学を考えて操山を選んだ。同じ中学から進んだ仲間と最後まで頑張って、二中から続く魂を爆発させたのだ。

最後まで残った4人は京都大、神戸大、広島大、そして黒住さんは岡山大学に進学した。高校生活を野球と進学を両立させての卒業だった。大学では硬式野球部で活躍し、卒業後は地元の新聞社に勤めた。そして、定年を迎え、母校の大学でコーチをしている。

先に先輩の思いを記念誌に綴った正木が操山に進学したのは、小学校時代に操山の活躍を見たことだった。岡山球場で観戦した後、選手に会い「操山で野球をしろよ」と声をかけられたという。その人こそ、黒住克己だった。岡山二中の気風と輝き、その後の奮闘。またいつか、操山旋風を見てみたい。

遠い記憶　無念の決勝敗退

# 岡山県立西大寺高校

創　　立　明治34年
創　　部　昭和21年
最高成績　夏　県大会準優勝(昭和33年)　秋　中国大会準決勝(昭和33年)

**【ユニフォームの概要】**

西大寺のユニフォームは定番的なものはないが、戦後すぐの大きな「S」を付けたものがモダンだ。昭和33年に甲子園にあと一歩と迫った時は早稲田文字で「SAIDAIJI」と表記されていた。このタイプが一番長く用いられていたようだ。大きな筆文字の漢字で「西大寺」となっていた時期もある。現在は、「SAIDAIJI」が紫でプリントされている。袖にある校章は高瀬舟を模したデザインだ。

## 遠い記憶　昭和33年夏の戦い

西大寺野球部のＯＢで津山工業の監督を長く務めた赤木恭吾（昭和52年卒）は初めて練習に参加した日のことを覚えていた。「部室に昭和33年夏の準優勝の表彰状が目に入って、甲子園への思いを強くした」というのだ。赤木の入部は昭和49年（１９７４）春、それが、いつまであったか定かではないが、西高《さいこう》の魂として、長く歴代の選手たちの心を支えていた。

西大寺が甲子園へあと一歩と迫ったのは、今を去ること65年前。昭和33年（１９５８）は東京タワーが完成した年で「もはや戦後ではない」と言われ、岩戸景気と呼ばれる高度成長の時代だった。スポーツではプロ野球で巨人の長嶋茂雄がデビュー戦は4打席4三振だったが、その後、大活躍し野球人気は一気に高まっていった。岡山では全国で7番目となる民間放送「ラジオ山陽」（現ＲＳＫ山陽放送）がテレビの本放送を開始している。

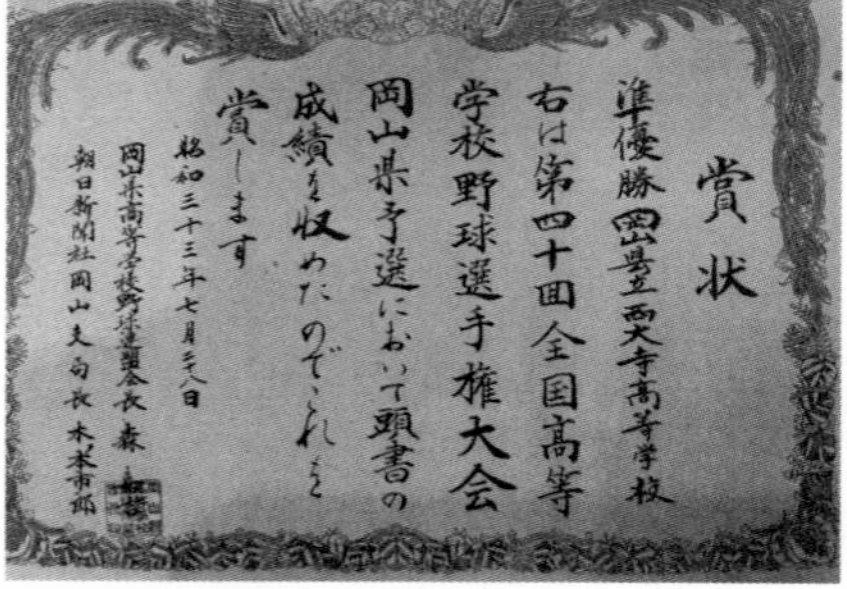
賞状

準優勝　岡山県立西大寺高等学校

右は第四十回全国高等学校野球選手権大会岡山県予選において頭書の成績を収めたのでこれを賞します

昭和三十三年七月二十八日

岡山県高等学校野球連盟会長　森

朝日新聞社岡山支局長　木本市郎

準優勝の表彰状

## 紡績工場で栄えた西大寺

昭和33年（1958）、当時、西大寺地区は昭和44年（1969）の岡山市との合併前で、西大寺市として鐘紡の紡績工場で栄えた。岡山市の後楽園近くから西大寺鉄道が街中まで通じていて、会陽の時には深夜まで臨時便が出される光景があった。

街の活気を生み出していた鐘紡西大寺工場は地元の有力者によって設立された繊維工場が、明治44年（1911）に鐘淵紡績に編入された。鐘紡の大阪や名古屋の工場が第二次大戦の空襲で焼失、無傷だった西大寺工場は日本の綿糸生産を支える主力工場になった。鐘紡は大阪を拠点にした社会人野球の強豪、全鐘紡を編成して、昭和25年（1950）から都市対抗野球三連覇を果たしている。

西大寺工場にも名選手が勤務し、のちに高野連会長となる牧野直隆がいたことはよく知られている。全鐘紡は産業構造の変化の中で昭和43年（1968）に活動を停止している。昭和45年卒の佐々木龍に聞くと、自分たちの時代は、まだ、昼休みに西大寺工場に行き、投球フォームを見てもらうなど、高い技術を持った人たちに指導を受けていたという。西大寺野球部の栄光、甲子園に迫った準優勝は、鐘紡の繁栄で西大寺市が活気に満ちていた時期だった。そして、その後も残照を残していたことがわかる。

## 記念大会一県1校出場のチャンス

昭和33年（1958）の夏の高校野球は第40回の記念大会で岡山県の優勝校が甲子園に出場できるチャンスだった。当時は、県大会で勝ち残った2校が鳥取と合わせた4校でトーナメント戦に挑み、2試合を勝たねば夢の舞台には届かなかった。

ちなみに、その夏の甲子園では徳島商業の板東英二が準々決勝で魚津（富山）の村椿輝雄と延長18回を投げあった試合があった。野球ファンにはよく知られているが、その年の春の四国大会で板東は準決勝で延長16回、決勝では高松商業と延長25回を投げぬいている。この事態を見て、延長18回での引き分け再試合（当時）の規定ができた。

話は西大寺の快進撃に戻す。この時のチームは傑出した選手はいなかったが、上岡新一、川辺興司の継投とチャンスに強い打線が持ち味だった。一回戦で金光に9―1で快勝、二回戦では西大寺と同じ繊維産業が栄え、チーム力が高かった琴浦に終盤に逆転して2―1で準々決勝に勝ち上がった。

## 岡山東商との名勝負

準々決勝の相手は当時、甲子園出場回数こそ、まだ2回だったが、プロ野球出身の松井信勝監督を迎え、強化を図っていた岡山東商だ。下馬評は岡山東商有利だった。

記念誌「岡山県立西大寺高等学校野球部の歴史」を見ると、インパクトのある写真が掲載されている。3回表に四球で出塁した8番の行司昭夫が盗塁などで3塁に進み、内野ゴロでホームを狙った瞬間だ。タイミングはきわどかったが、闘志あふれるスライディングで捕手がボールをはじき、先制点をあげている。気迫のあるプレーでの得点は不利とみられていた西大寺に勇気を与えた。

試合は岡山東商が追いかけ、西大寺が突き放し、また、東商が追いかける接戦になった。西大寺は追撃をかわすため上岡―川辺―上岡と細かな継投をして、攻撃をしのぎ、9回表に決勝点を入れ準決勝進出を決めた。新聞に

ホームインした行司選手

は西大寺の勝因は「一投一打に全力をあげてぶつかったナインのファイトだ」と記している。それだけでいいチームだったことがわかる。ちなみに、当時の岡山東商のユニフォームは漢字表記だった。

闘志あふれるスライディングをみせた行司は今も西大寺に住んでいるとわかり、話を聞くことができた。細かな試合内容は聞けなかったが、野球部の様子を教えてくれた。古くからあった向洲のグラウンドで練習したこと、主将だった石井吉一が頑張り屋だったことを話した。

「牛窓に家があって、練習が終わったら真っ暗な中、1時間もかけて自転車で帰っていった」というのだ。主将の姿を見て、チームが一丸となっていったのだろう。

行司は2歳下の俊子さんと暮らしているが、結婚して2年下の西高の後輩だったことがわかった。奥さんも甲子園に迫った夏、スタンドで応援していたそ

行司さんと奥さん（令和３年）

**昭和33年夏　県大会準々決勝**

| | | | | | |
|---|---|---|---|---|---|
| 西大寺 | 001 | 020 | 001 | 4 | 上岡・川辺・上岡―小野田 |
| 岡山東商 | 000 | 101 | 010 | 3 | 石原・河瀬―花川 |

うだ。写真を引っ張り出し、それを懐かしんでいた。

練習は朝に講堂で素振り、昼にはルールの勉強をし、バッテリーは鐘紡まで出かけて投球練習をしたと言う。ＯＢが「必ず甲子園に行ける」と、よく練習を手伝ってくれたとも話した。

## ともに初出場をかけて倉敷商業―西大寺

西大寺は準決勝では岡山南相手に初回に13点を入れる猛攻で、早々と試合の行方を決め、19―3で決勝に進んだ。スタンドとベンチが一体になって喜ぶ写真が残されていた。

決勝の相手は倉敷商業だった。戦前から野球部があり、チーム力を維持していたが、この時まで甲子園は経験しておらず、ともに初出場をかけた一戦だった。西大寺は1回裏に川辺の3塁打を含む3本のヒットを集め、2点を先制し、試合の主導権を握った。その後、7回裏まで

決勝進出が決まり喜ぶベンチとスタンド

スコアは動かず、2―0であと2イニングで西高の甲子園が決まるところまできた。
実は、西大寺は7回裏、代打の三道克の二塁打で無死2塁。次の外野フライで一死三塁となった。2点リードはワンチャンスで追いつかれる。西大寺は追加点が欲しかった。ここで、スクイズのサイン。三塁ランナー三道はホームめがけて一直線。だが、主将の石井はストライクのボールをバットに当てることが出来ず、三道はキャッチャーにタッチされて追加点を逸した。

これで、流れが変わる。8回表に倉商に二死から四球とヒット2本で2点を奪われ追いつかれた。西大寺は浮き足立ったのか9回表には4失策に3長短打などで5点を奪われ、7―2と悔やんでも悔やみきれない、残念無念の逆転負けとなった。

当時のスコアブックが記念誌に掲載されている。イニングスコアには7回と8回の間に太い線が引かれ、倉商の8回、9回の得点2と5を消すようにペンが入れられている。スコアラーの悔しさが伝わってくる。

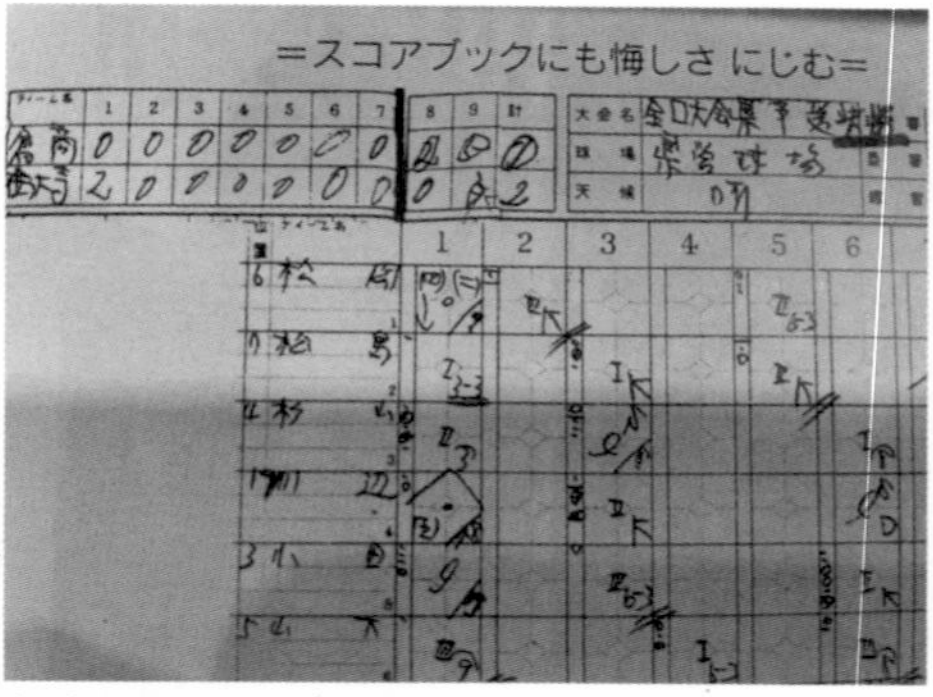

無念のスコアブック

決勝戦ではレギュラー捕手が負傷で出られず、ファーストの石井が代行した。玉つきでポジションが変わり、控え選手が内野を守ったことも、守備の乱れた原因になったようだ。

## その後の西大寺野球部

昭和33年以降、夏の大会に限れば西大寺は6度の準々決勝進出がある。最後のベスト8は平成26年（2014）、それ以降は6年連続で初戦の壁が破れていなかった。現在のOB会長は津山工業で手腕を振るった赤木恭吾、監督は玉野光南を3度甲子園に導いた萱勝となり、復活の兆しが見えた。昨年夏は久々に三回戦に進出した。西大寺地区では岡山学芸館が実力校となっている。西大寺のキラリと光る夏も見てみたい。

野球どころが見せた　普通科校の意地

# 岡山県立玉野高校

**創　　立**　昭和14年
**創　　部**　昭和21年
**最高成績**　夏　県大会決勝進出（昭和56・60・63年）　秋　県大会優勝（昭和53年）

**【ユニフォームの概要】**

戦後の創部から「TAMANO」「TAMANOKO」「TAMAKO」の表記が様々な字体で胸マークとなった。曲線的なローマ字で右肩あがりのデザインやTの花文字を左胸に付けた時代もあった。太い字体で「TAMANO」と現在の形で表記し始めたのは昭和50年代に「玉野高校を甲子園に送る会」が作られ、初めて秋の中国大会に進出した頃から始まっている。後援者が寄付を集め銀色や金色の縁取りをしたユニフォームは、何度も甲子園にあと一歩と迫った。また、そのころは早稲田文字で「TAMANO」と記すこともあった。

## 野球どころ玉野の思い

40年以上も岡山の高校野球を見てきた中で甲子園の土を踏んでほしい学校が玉野高校だった。夏の県大会、秋の中国大会と、あと一歩で聖地に及ばない試合が続き、いつか夢が叶うように秘かに思っていた。

その思いに至る最初の試合が、私が岡山の会社に入った昭和56年（1981）の夏の岡山大会で決勝だった。対戦相手は岡山東商や倉敷工業を押しのけ台頭してきた岡山南。のちに巨人に入団し犠打の世界記録をつくる川相昌弘が2年生エースだった。4番を打つ本間立彦も日ハムに進む強力なチームだ。

対する玉野は2年生の大柄だがサイドハンドからの投球で打たせて取る塩田宏。玉野は普通科を代表するような堅実なプレーで勝ち上がってきた。後で詳しく記すが、この試合は玉野市内の中学から岡山南に進んだ選手と玉野高校に進んだ同じ地域の選手たちが甲子園を争う試合でもあった。

玉野市は造船で栄え、企業スポーツが盛んだった。小学生の時からスポーツ少年団で野球に取り組む少年が多く、中学野球は卓越した指導者がいたこともあって夏の県大会では玉野市の中学同士が決勝を争うことも珍しくはなかった。それは昭和40年前後から始まり昭和49年は玉―宇野、50年は宇野―玉、51年は日比―玉の決勝戦。昭和55年から59年の間は宇野2回、東児2回、日比1回と玉野勢が5連覇して、玉野市の中学校のレベルは県下で完全に抜け出していた。

当然、岡山東商、岡山南などに有力な選手を送り出し、全国の舞台で活躍していた。一例をあげると、昭和40年（1965）の選抜制覇の時には主将の宮崎米三ら日比中学出身の3人が大きな力を発揮した。岡山南が昭和52年（1977）の選抜初出場しベスト4に進んだ時のエースは上原義雄。玉中出身で中学県大会優勝の実績があった。昭和59年（1984）同じく岡山南が夏の甲子園でベスト8に進んだ時も宇野中出身の荒木満が主戦投手だった。岡山東商から阪神に進んだ打代の神様八木裕、岡山南からダイエーに入団した坊西浩嗣は東児中で挙げればきりがないほどだ。

## 玉野高校を甲子園に送る会

だが、地元の玉野高校で野球部に入り、聖地甲子園を目指そうとする選手は少なかった。

野球どころ玉野の高校に甲子園に出場させたいという思いが高まったのは、造船景気が後退していた昭和50年（1975）ごろだった。市外に出てゆく有力な選手たちを玉野高校に進ませ、街に活力を生み出したいと「玉野高校を甲子園に送る会」が結成されたのだ。岡山県の普通科高校は、戦前に岡山一中（現岡山朝日）が大正10年（1921）に夏の全国大会（当時は鳴尾球場で開催）に出場していただけだった。昭和48年（1973）に岡山大安寺が夏の県大会で決勝に進んで甲子園にあとわずかに迫った。地域の停滞という状況と他校の活躍。野球どころ玉野から甲子園にという思いが高まったのは自然な流れだったかもしれない。

甲子園に送る会は玉野高校野球部OBが地元の政財界にも協力を求め、寄付は一口2000円だったが夏の大会の前には1000万円ほどの寄付が集まるほどだった。中学生たちも地元の思いを背負い玉野高校で甲子園を目指すことが当たり前になっていった。

## 昭和53年秋　初の県大会優勝

玉野高校は春や秋の県大会では地区予選を突破できないこともあったが、昭和51年（1976）に甲子園に送る会が結成されてからは、中学時代に県大会で活躍した選手たちが入部するようになり、力をつけていった。その成果がはっきりと表れたのが昭和53年（1978）秋の県大会だった。

初戦で倉敷工業相手に9回表3点を奪い5―4の逆転勝ち。準決勝では岡山日大に食い下がられたものの6―4で勝利、決勝では前年に選抜でベスト4に進み、実力校にのし上がってきた岡山南と対戦した。

優勝候補を相手に終始、主導権を握り5―2と快勝、県大会初優勝を飾った。先制されたが、コツコツと点を取り、エース大家を盛り立てて快勝。地元の有力選手を集めて作られたチームが結果を残せることを示した一戦だった。

この優勝で中国大会のため新しいユニフォームが後援会の寄付などで作られた。早稲田文字と呼ばれる書体で「TAMANO」と太いローマ字で表記し、銀の刺繍で縁取られていた。当時、まだ、そういった装飾は少なかったが、地域の人たちの強い思いがうかがえる。

秋の大会優勝

ユニフォームを新調したばかりだったが、甲子園に送る会は県大会での初優勝に沸き返った。県大会優勝校として臨む中国大会、中国大会で1勝すればベスト4に進出できる。普通科校の奮闘も評価されるので大きく選抜に近づく。甲子園が決まったかのように、送る会では気が早いことに結果がわからぬうちに、今度は金色の縁取り刺繍をしたユニフォームを作ってしまったのだ。

## 初めての中国大会　浮き足立った選手たち

昭和53年（1978）秋の中国大会は各県2校の10校が参加して岡山県営球場で開催された。県大会優勝の実績で玉野は準々決勝からの登場で、鳥取の倉吉北との対戦になった。

のちに高校教員になり玉野高校の校長を務めたサードの多田一也（玉野市教育委員会教育長）は「倉吉北って聞いて公立か私立ともわからず、なんとなく勝てそうな感じがしたんですけど」と振り返る。データなどもなく、その強さは対戦してからわかった。倉吉北は大阪など県外からの選手を集め強

**昭和53年秋　岡山大会　決勝**

| | | | | | | |
|---|---|---|---|---|---|---|
| 玉野 | 010 | 201 | 010 | 5 | 大家－藤原 |
| 岡山南 | 100 | 100 | 000 | 2 | 岡　－追川 |

化を進めていた私立だった。その年の夏の甲子園に出場していたのだが、選手たちは当時、全国のチームに目を向けるような余裕がなかったのかもしれない。

対戦校のエースの矢田万寿男は見たこともない速球を投げてきた。のちに阪急にドラフト4位指名される投手だった。その年の夏の甲子園にはファーストで出場、矢田だけでなく選手たちは舞台慣れしていた。玉野は初出場に加え、思わぬ相手の強さに「浮き足立った」と多田は振り返った。

ちなみに、倉吉北は矢田を擁して、翌年の選抜に出場し、静岡、高松商業を破り、準々決勝に勝ち上がっている。準々決勝で敗れた相手は、その年、春夏連覇を果たす箕島。高校野球好きなら誰もが知る、夏の大会の名勝負、星稜との延長18回の激闘をした年のチームだ。

倉吉北の強さに押されながらも、玉野は初めての中国大会を接戦に持ち込んでいた。12安打を打たれながらも、手堅い守備で2失点に抑えた。

多田一也さん（玉野高校校長時代）

相手の11残塁がそれを物語る。ただ、攻撃の詰めが甘かった。初回の一死2・3塁が併殺され、2回にも一死3塁のチャンスをボーンヘッドで刺殺されてつぶした。

この時、1点でも入っていれば、試合はどうなっただろうか？　皮肉なことに最終回には一死2・3塁と同点のチャンスをつかんだからだ。だが、センターフライでのタッチアップが失敗し、無念の敗戦となった。1点差で最終回を迎えていれば、一打逆転サヨナラの場面だっただけに、そつなく点を取ることの重要性を学んだ一戦だっただろう。

## 昭和56年　甲子園に迫った夏の大会

この年の玉野は2年の塩田宏・仲前昌人の投手陣が力をつけ、打撃も上向いてきた。そのシーズンの冬、整備のためにグラウンドが狭くなり、先輩たちの指導で例年以上に走り込みが行われたのだ。そこでつちかった体力が結果につながってきたと当時の部員は話した。春の県大会では一回戦で選抜帰りの岡山理大附属に2―1で敗れたが善戦をしていた。

そして、夏の岡山大会、一宮に6―0、笠岡工業に9―1（7回コールド）、準々決勝では倉敷商業を塩田が完封して2―0で勝ち、ベスト4に勝ち上がった。準決勝では岡山東商に追いつ追われつの大接戦。3―3の同点から8回裏に2点を奪われ勝負ありと思われた

9回表、2点差を追いつき延長戦に入った。10回表、二死から9番の新田が三塁打を放った。そして、この試合ノーヒットだった1番の戸田がライト線に三塁打を打ち、これが決勝点。玉野は夏の県大会で初めての決勝に進んだ。

## 岡山南　川相との投手戦

この大会、好調の塩田が決勝戦でも岡山南の好投手2年のエース川相昌弘と白熱の投手戦を展開した。オーバーハンドからの速球を武器にした川相、一方、塩田は180センチ半ばの長身をゆったりと使った右サイドスローからカーブ、シュートを投げ分け、10安打を許したが要所をしめて、0行進の試合となった。

好ゲームとなったのは玉野の守備が見事だったからだ。5回無死満塁から

岡山東商戦、戸田の決勝打

**昭和56年夏　岡山県大会　準決勝**（延長10回）

| | | | | | | |
|---|---|---|---|---|---|---|
| 玉野 | 110 | 001 | 002 | 1 | 6 | 仲前・塩田―広畑 |
| 岡山東商 | 101 | 010 | 020 | 0 | 5 | 赤沢・重藤―村松 |

のスクイズを一塁手の三宅がダッシュ良く処理して、本塁へ。さらに、捕手の広畑が1塁に送球して併殺を奪い、ピンチを脱した。8回裏にも2塁からヒットでホームを狙った走者を左翼手の名古谷が好返球していた。

のちに巨人に進む川相の球威に押され、チャンスのなかった玉野に勝利の女神が微笑みかけた。9回表、ヒットの塩田を2塁に置いて、ここぞとばかりに打席に入ったのが主将の上山文夫だ。勝負は初球と決めていた。岡山南の臼井監督は、3塁の岡崎の指の治療を要求して時間を稼いだ。玉野に行きそうな流れを切るために、時間を稼いだのだ。上山は、そんな老獪な敵将の心理を読むほど冷静だった。

現在の上山文夫さん

塩田投手の力投
昭和56年7月27日　©山陽新聞

## 甲子園を手繰り寄せる一打!?

そんな展開の中、上山の狙い通り初球はシュート気味の速球がインコースに入って来た。気迫の一打はレフト前に落ちた。一塁に駆け込む上山に大きな歓声が聞こえた。「やった！」と思う間もなく、それがため息に変わった。「何が起きた？」と上山は思った。なんと、三塁コーチャーが大きく手を拡げて塩田のホーム突入を止めたのだ。上山は言う。「初球のヒットだったので少し塩田のスタートが遅れたので止めたのかもしれない」。塩田は言う。「ホームに突っ込むだけと思っていたんですが、大きなジェスチャーで止められたので……」「スタートは遅れなかったと思います」と。

この時、三塁コーチャーは塩田と同じ2年生が務めていた。ここ一番の勝負所。ホームに突入していればきわどい判定ながら決勝点になっていたかもしれない。そして、勝利の女神は、ここで玉野から離れた。

塩田のホーム突入を止めるコーチャー

## 熱闘　玉野出身選手たちの戦い

この試合、玉野のスタメン9人の内、6人が玉野市の中学校の出身だった。セカンド戸田、センター仲前が日比中、ショート上山、ファースト三宅が宇野中、ライト近藤が東児中、ピッチャー塩田が玉中だ。そして、岡山南のショート野崎は玉中、キャッチャー井上が宇野中、センター蒲田が八浜中、両校のスタメンの半分が玉野市出身だった。

上山は話す。「井上は同じ宇野中でバッターボックスに立つと、お前、きょう、バットが振れてないぞとか、ささやくんですよ」と。水面下で名将野村克也、ノムさん流の心理戦もあったのだ。川相、本間とプロ野球に行く選手がいたにもかかわらず、気持ちで負けていなかったのは、かつて同じ中学で野球をやっていた仲間が敵にいることが大きな原因だった。塩田は前の年、秋の1年生大会で川相と投げ合っていた。2―0で敗れていたが、その雪辱の意味でも気合が入っていた。塩田は「川相は藤田中、本間は福南中で中学の時から試合をして知っているんで、普段通りの気持ちでした」と振り返った。相手の手の内を知っているもの同士の熱戦は延長に入ったが、塩田はちょっとした後悔をつぶやいた。

## 延長10回裏　運命の一球

延長10回裏、先頭打者は岡山南2番の野崎健二だった。塩田の出身校・宇野中の一年先輩の選手だった。点を取られれば勝負が決まるこの回、1、2塁間への意表を突くセーフティーバントで出塁させてしまったのだ。「足の速い先輩だったことを知っていたのに、気を付けていれば」と振り返った。バントで送られ一死2塁とサヨナラのピンチを迎えた。主将だった上山も悔いた。一打出れば負ける場面、4番の本間が打席に入ると伝令が来た。「くさいところに投げろ」、ボール気味の範囲に投球しろという指示だった。「2ボール1ストライクから次の投球がボールで3ボール1ストライクになって、ベンチがどうするかの作戦を確認できなかった」「ベンチは4番の本間が当たっているので、フォアボールでもいいと変えたようなんですが、大歓声で聞こえないまま試合を続けてしまった」と。勝負の決まる重要な時に確認が出来なかったと言うのだ。この試合、審判のストライクゾーンが広く、塩田の記憶ではボール気味の球がストライクと判定されていたとも話した。そして、3ボール2ストライクのフルカウントになった。

塩田のフルカウントからの一球は外角寄りの、まさに、「くさいところ」に投げ込まれた。

本間は大根切りと呼べるようなバットを斜めに振り下ろすように振り切った。普通なら手を出さないが、ストライクゾーンの広さを考えてバットを振ったのだろう。打球は鈍かったが叩きつけた分、投手の頭を超えて内野で大きくバウンドし、セカンドの上をふわりと越えセンター前に落ちた。岡山南は野崎が迷わず2塁から全力でホームに向かい均衡が破れた。1―0のサヨナラゲーム。勝負どころの判断が明暗を分けた試合だった。上山は言う。「やはり経験が足りなかったんだと思います。ピンチをしのぐ時の意思の疎通ができていなかった」と40年以上も前の試合を振り返った。

この時、選抜には一度、岡山南も出場していたが、夏の甲子園はこれが最初の出場となった。以来、岡山南は岡山を代表するチームとなり、一時代を築いた。そして、岡山南の台頭は甲子園を目指す有力普通科校の壁となり、夢を打ち砕く存在となってゆく。

うなだれる玉野ナイン

**昭和56年夏　岡山大会　決勝**（延長10回）

| | | | | | | |
|---|---|---|---|---|---|---|
| 玉野 | 000 | 000 | 000 | 0 | 0 | 塩田一広畑 |
| 岡山南 | 000 | 000 | 000 | 1 | 1 | 川相一井上 |

## 玉野の礎を築いた平谷監督

甲子園まであと一歩と迫った、この時の監督は平谷澄だった。

玉野の野球部OBで高卒ながら臨時に教員を務めたあと、順天堂大学に進み高校教員になっていった。昭和36年に津山東高校の苫田分校に勤務し、翌年玉野高校に赴任し、野球部の監督となった。赴任当時、1年ほどは家族が県北に住んでいて、そことの往復をしながら教職と野球の指導をした熱血漢だった。

玉野野球部での指導は21年に及んだが、型にはめない指導だったと当時のメンバーは話す。このあと、玉野の甲子園への夢は、昭和58年に赴任した玉野野球部OB豊田啓介に託された。

## 昭和58年秋　昭和60年夏の無念

昭和58年（1983）秋、玉野は秋の県大会決勝に進み、岡山南に敗れたが準優勝校として秋の中国大会に出場した。5年ぶりの秋の中国大会はまた、地元岡山が開催地だった。

地の利を活かせる大会、玉野はひそかに選抜出場に燃えた。この年、玉野は軸になる投手がおらず前評判は高くなかったが、中学時代は控え選手だった寺井正道が軟投派の投手として好投し、中国大会に進んだ。一回戦、山口の多々良学園との試合は3回裏に外野が何でもないフライを落球して、やらずもがなの2点を先制される嫌な流れだった。だが、6回表に三塁打と四球のランナーを相手エラーとヒットで同点に追いついた。延長10回には寺井の2塁打で勝ち越したが、1点を返され押し切れなかった。そして、延長13回裏、一死3塁から犠牲フライを打ち上げられサヨナラ負けとなった。玉野は11回表に、無死1・3塁のチャンスに強硬策が実らず、後半押し気味に進めた試合を、ものにできなかった。

多々良学園はこの勝利で勢いに乗り、中国大会で優勝し、選抜出場を果たした。善戦しても勝ちきれない、もどかしさを監督も選手も感じた一戦だった。

**昭和58年秋　中国大会　一回戦**（延長13回）

| | | | | | | | | |
|---|---|---|---|---|---|---|---|---|
| 玉野 | 000 | 002 | 000 | 100 | 0 | 3 | 寺井一平井 |
| 多々良学園 | 002 | 000 | 000 | 100 | 1 | 4 | 湊一古谷 |

## 昭和60年夏決勝　再び岡山南との対決

2年後、玉野にとって4度目の甲子園のチャンスが巡ってきた。この年の3年生は東児中が県大会で優勝した時のメンバー4人がいた。小柄な選手が多かったが野球センスに優れ、攻撃力もあったチームになった。エースは岡本、コントロールが良い軟投派だが、強気の投球で夏の県大会、決勝まで勝ち上がる原動力となった。

この試合、初回に1点を先制されたが玉野は4回表に先発の安藤に3番入江と五番矢野の2本の二塁打で同点とした。岡山南の臼井監督は玉野の攻撃力に警戒して、早くもここで二本柱の一人、久志をリリーフさせた。それでも、強打の玉野は二死後、7番矢野の四球、盗塁などで2・3塁とチャンスを拡げた。

バッターは8番の阿古、普通なら下位打線で得点できるかどうかの場面だが、この年は好打者揃いだった。久志は

阿古の逆転打

玉野の強打線をかわそうとしたのか、外角にカーブを投げた。それを見透かしたように阿古はバットを振りぬきセンター前に快打した。二人が生還して3―1とリードを奪った。

玉野はこの年、最も強いと思っていた倉敷工業を準決勝で破り、「甲子園に行けると思っていた」と、東児中出身の捕手藤井哲也は話した。そして、岡本が4回5回と絶妙のピッチングで南打線を抑えた。悲願が見えてきた時だった。だが、ここから歯車が狂うことになる。

## カーブか　直球か

6回裏、岡山南の臼井監督は「カーブを狙え」と右方向の打撃を指示した。

それを玉野の捕手藤井も読んでいた。だが、思わぬことが起きた。ショートへのゴロが主将片山の前でイレギュラーバウンドしてランナーが出たのだ。

片山は堅守でエラーをしない選手だった。不規則なゴロとはいえ、不吉な予感をチームが感じたのではと藤井は言う。前の年の夏の大会でも西大寺戦でショートのエラーで流れが変わり敗れた記憶が残っていたからだ。

送りバントとヒットで一死1・3塁。ここで盗塁した一塁ランナーを刺そうと2塁に送球した球がランナーと交錯して点が入ってしまった。

藤井は言う。「これで冷静さを少し失ったかもしれません。カーブではなく直球を狙っていると感じたのに修正できなかった」と。「打たれなくてもいい打者にも打たれた」と悔しがった。南打線は監督の指示とは逆にカーブに合わせる打撃でなく、本来の攻撃力を生かそうと直球を狙ったのだ。この回、打者一巡で7失点を許し、またも玉野から勝利の女神が立ち去った。

玉野の豊田監督はこんな談話を残している。「岡山南の振りは格が違った。いい試合だった。下位打線も良く打ってくれた。これからも普通科野球で頑張る」練習時間が限られる環境の中で奮闘した玉野は、豊田監督のもとで昭和63年にも夏の県大会決勝進んだが、倉敷商業に敗れている。

豊田監督は多くの写真をマネージャー

現在の豊田啓介さん

**昭和60年夏　岡山大会　決勝**

| | | | | | |
|---|---|---|---|---|---|
| 玉野 | 000 | 300 | 000 | 3 | 岡本一藤井 |
| 岡山南 | 100 | 007 | 10× | 9 | 安藤・久志一小林 |

らに撮らせていた。それは、控え選手や下級生、女子マネージャー、応援団ら裏方にも気を配ることで、それぞれが力を発揮してくれることを願ってのものだった。それは、玉野高校の当時の成績に現れている。そして、豊田監督は平成に入り、玉野高校野球部の歴史を伝える記念誌をほぼ独力で編集している。今となれば、それは玉野野球部の涙と汗の結晶に思える。

## 玉野ＯＢ　カリスマ指導者ツーさん先生

玉野市の野球を語るとき、忘れてはいけない人物がいる。中学校野球のカリスマ監督だった山本毅だ。山本は戦後すぐの玉野高校の野球部員で、関西の大学を卒業後、中学校の教諭となった。日比、玉、宇野、東児中と赴任先の中学をことごとく県大会で優勝させていた。選手たちは畏敬を込めて「ツーさん」「ツーさん先生」と呼んでいた。野球どころ玉野の風土と「ツーさん先生」の存在が玉野市を高校野球に多くの有力選手を送る力になっていたのは間違いない。

準優勝のあと女子応援団との１枚（昭和63年）

戦後まもなく、法政大学の選手が先輩を頼って玉野に逗留していた。その時、のちに広島や西武の監督、ダイエー（現ソフトバンク）のフロントとして球界に異彩を放った根本陸夫がいた。根本は玉野高校で選手を指導し、この時に山本は根本の野球観に魅せられた。そして、近鉄でプロ生活を始めたのを追って関西に進学している。大学では野球部に入らず、根本について回り野球を見続けたという。どのような指導で中学野球のカリスマとなったのか、その一端を昭和60年の夏の大会で決勝に進んだ、東児中時代の教え子の藤井哲也に聞くことができた。

## 型破りの練習　ノックはなし

中学野球の練習は高校に比べると短い。それゆえに、効率的な練習が必要だ。藤井が話す。「ノックをされたことは余りないです。バッティング練習を2か所でやるんですけど、そこで飛んでくる打球を取ることで守備練習の代わりにさせるんです」と、そのユニークな

山本毅と教え子の藤井哲也（前列）

練習方法を語った。

5つの中学で野球を指導し、藤井が2年生になった時、山本が最後の勤務校となる東児中にやってきた。その時、2年生以下の部員を集めて「2年後にお前たちを県大会で優勝させる」と宣言したそうだ。ミーティングなどで山本はこんなことを藤井たちに伝えている。

・バッティングはボールにスピンをかけられるよう、バットを山なりに振れ
・攻めの走塁をしろ　攻めてアウトになっても怒らない
・主力の選手7人に絞って自分の野球を教える
・キャッチャーのサインや構えを見て守備位置を考え、打球を判断しろ
・盗塁は自分でできると思えばすればいい

当時としては完全に型破りの指導だった。バントは嫌いで、盗塁、エンドランを好んだ。体育の授業の時は、他の生徒に何かをさせ、野球部員にバッティング理論を教え、個人指導した。そして、宣言通り、藤井たちは3年生の夏、県大会で優勝している。まるで、ドラマのような指導ぶりである。

山本は「玉野高校を甲子園に送る会」の中心メンバーでもあった。母校の甲子園出場を願っていただろう。のちに、早期退職後、新設された玉野光南高校の監督を短い間、務めているが、高校との折り合いや硬式と軟式の違いなどで結果を出せなかったのが惜しまれる。

玉野高校は多くの岡山県の高校野球の監督も育んだ。玉野光南を3度甲子園に導いた萱勝が代表だろう。甲子園への夢はそのOBが別の学校で成し遂げた。

玉野市の中学野球は今、7つの学校で合同チームを編成するほど部員が減ってしまった。人口減少、硬式クラブへの参加が大きな原因だが、野球どころ玉野から、大舞台を沸かせる選手が出てきて欲しいと心から願う。玉野高校や、そのOBが岡山の高校野球史に残した爪痕は深く大きい。

# 5

# 県立新設校の輝き

大活躍と一期生のユニフォーム

# 岡山県立岡山城東高校

甲子園出場　春３回　夏２回

**創　　立**　昭和62年
**創　　部**　昭和62年
**最高成績**　春　準決勝（平成８年）　夏　２回戦（平成10年）

**【ユニフォームの概要】**

昭和62年の開校と同時に創部された野球部は山崎監督の下で短時間ながら、要点をおさえた指導で力をつけ創部4年目に甲子園切符をつかんだ。創部から3年間は左胸に縦書き、スクールカラーの緑で城東と表記していた。4年目から迫力を持たせるため字を大きくして横書きで濃紺にした。さらに選抜初出場となった平成8年、胸マークが目立つように赤の縁取りを加え、帝京など強豪を下し準決勝に進む大活躍を見せた。岡山県立の普通科校で甲子園に出場した唯一の高校である。

## タクシーでの会話「城東、強いですね」

平成2年（1990）の夏、高校野球岡山大会でベスト8が出そろった日の夜だった。酒席が終わり、タクシーに乗ると旧知の運転手が声をかけてきた。

「城東、強いですね。決勝までいきますか」と予想を聞いてきたのだ。「去年の1年生大会で東商や南に勝ってますからね」とまず答えた。1年生大会ではトーナメントで勝ち上がった二つの学校が決まると決勝は行わない。勝ち残ったのは岡山城東と岡山理大附属だった。そして、話を続けた。「1番と4番の子がなかなかで打ちますよ。決勝まではいく可能性があると思いますけど、倉商がきたら厳しい」と話した記憶がある。運転手が聞いてくるほど、開校四年目の学校の快進撃は話題になっていたのだ。

ちなみに1番とは2年生ながら連続ヒットの記録を作るほどの巧打者、左打ちの平野裕久。山崎慶一元監督と会った時に、当時の話をすると「平野はバットコントロールの天才。1年間も三振しなかった」と話した。4番とは華麗なフォームから長打を放つ青木亮だ。そして、城東は何よりも落ち着いた試合運びをするのが印象に残っていた。予想通り、岡山城東は決勝に勝ち上がった。ただ、相手は試合運びが上手い倉敷商業だ。その決勝の様子は、あとで記すが、なぜ城東は強かったのか。それを少し書いてみたい。

## 練習は朝1時間　放課後1時間

城東の練習は「消去法だ」と山崎は著書に書いている。新設の進学校で練習時間は制限された。だから、省けるものは省き、特に時間のかかるものはしなかった。たとえば、持久力を養う長距離走や長時間のノックだ。ウォーミングアップもグラウンドに出てきた部員から各自行った。

そして、全体練習が始まるまでの時間は、それぞれが課題とするものを行うのだ。時間が限られているので、繰り返し行い身に付けるのではなく、自分が上手く行った時は、どこが良かったのかを考えたり、他の部員からのアドバイスをもらい感覚を高めることを指導した。それを部員たちが発表しあうことも行ったようだ。

試合も相手の事よりも、自分たちのどこがいいのか、悪いのかなどを考えるようにしたともいう。他にも多々あったと思うが、自分が上手くゆくための感性を高めさせたのだろう。開校四年時が、どのようだったかはわからないが、選手たちが今、何をしなければならないかを考える状況判断が養われていたことは間違いない。

## 岡山の高校野球を変えた　決勝への歩み

一回戦金川に18―1（5回コールド）、二回戦はエース浦上と好投手、東岡山工業の延原との投げ合いとなり1―1で延長に入った。そして11回まで戦い5―2で勝利した。この試合の1番平野の印象が強く、調べると5安打を放っていた。

三回戦は西大寺高校を2―1、準々決勝は山陽高校に3―1。準決勝では秋に敗れた津山工業を相手に4番青木のツーランホームランで突き放し6―2で勝った。その見事なアーチを覚えている。ついに決勝進出だ。

試合前の予想は、「隙のない倉商が勝つ」が大半で私もそう思った。打線がワンチャンスでビッグイニングをつくれば別だが、接戦は城東に厳しいと考えた。だが、試合は意外な展開になった。

## 先制、同点、逆転……

決勝は試合前半に先行の倉商が手堅く2点をとり、城東は追いかける展開になった。これまでの岡山普通科校が決勝に進むと体力消耗やミスが出て大敗することが多かった。城東はしぶとく中盤まで小差で食らいついたが、果たしてどうなるのか。この日、私はテレビ中継のグラウンド担当のディレクターで城東ベンチの横で試合を見守っていた。

倉商のエース岡の切れ味のいい投球で、城東の打線にいつもの迫力がなかった。そして、倉商が主導権を握ったまま進むかと思われた5回裏に試合が動いた。

二死だったが8番小坂哲也のヒットと9番鮎沢俊夫の死球で1・2塁のチャンスが来た。「野球はツーアウトから」とよく言うが、すぐにチェンジと思っていた岡が下位打者の場面で続けて出塁させてしまった。これは投手にとって精神的にきつい。流れは城東に来ていた。しかも、1番は巧打の平野。監督も「ここだ」と声をかけたようだが、選手たちは感覚でわかっていたと思う。ここの場面が試合の行方を左右すると。

この一度のチャンスを城東はものにした。左打席の平野のバットが一閃して、打球は右中間を破った。二者が還り2―2の同点。さらに二死2塁で、2番高田泰宏だ。中学ではテニス部だったが、持ち前の運動能力でレギュラーをつかんでいた選手だ。緊張の場面だったが高田は山崎監督によると、お調子者のムードメーカーだったらしい。2ストライクと追い込まれたが、しぶとくセンターに運んで3―2と逆転、チャンスをものにした。

## 開校四年目の甲子園

その後、試合は両校得点が入らず、9回表倉商の攻撃を迎えた。リードしてから山崎がベンチ横にあるスペースに行き、心を落ち着かせるように何度かタバコを吸っているのが見えた。リラックスしたい気持ちが伝わってきた。

ツーアウトになって、選手たちがエース浦上に声をかける。相撲で最後に腰を落として寄り切る姿に思えた。そして、センターフライでゲームセット。大正10年、岡山一中以来の普通科校の全国大会出場が決まった。大安寺、玉野、朝日が跳ね返された壁が壊れた瞬間だった。

野球中継のフロアディレクターは、勝利監督をインタビューマイクに誘導しなければならない。「監督、インタビューに来てください」と声をかけると、山崎が聞いた。「甲子園、いつから始まるんですか」と真顔で答えた。

一緒に飲んだ時「名セリフを言わせたのは石原さんだっ

喜ぶ岡山城東の選手たち

たのか」とほろ酔いで話してくれ、大笑いした。それは目の前の試合に集中していたことがわかる一言だった。

数年後に城東は選抜で強豪を次々に破る試合をしたが、その片鱗がこの時からあった。勝負所を逃さない集中力と固くならない運動能力だ。これも、山崎流の指導が生きているのだろう。

開校四年目での快挙を予言していた人物がいる。山崎の大学の先輩で高松西高を選抜に出場させた川田義則だ。私も四国支社時代にお世話になった名将である。城東と練習試合をした時「こりゃ、甲子園いけるで」と言ったのだ。山崎は日本体育大学の出身だが、そのネットワークは様々な野球の情報が得やすいのだ。それは、城東の躍進に大きく寄与していた。大学同期の9人もが、監督として甲子園を経験している。

ノックする山崎慶一監督

さて、岡山城東、初めての甲子園は伝統校、浜松商業の前に大敗を喫した。この時、薄暗い通路でしゃがんでいた主将で捕手の幡上浩一にインタビューした。内容はよく覚えていないが、後輩たちに「甲子園で勝って欲しい」と話したことが記憶に残る。そして、城東はのちに日本全国の高校野球ファンを驚かせることになる。

## 岡山城東の一期生

開校四年目での甲子園出場ということは、二期生が3年、三期生が2年ということだ。だが、気になったのが礎になった一期生のことだった。二期生以降は、監督の山崎が勧誘するなど野球と勉学を両立して行きたいと言う部員がほとんどになった。だが、一期生は自然にこの学校を選び、たまたま野球部ができるので同好会気分で入って来た部員が大半だった。

血気盛んで開校時、職員の前で「甲子園を狙います」と宣言した山崎、だが入部した15人はそうではなかった。一期生で主将を務めた広安治は話した。「中学の時、野球部だったのでなんとなく入部したんです」と。連休には家族で海外に行くことが入学前から決まっていた。監督に話すと怪訝な表情をされたのを覚えている。「高校野球って、それを第一に考えてほぼ毎日練習しないといけないんだ」とその時わかったのだ。

## 欠けてゆく一期生

広安は監督に指名されて主将に選ばれた。「僕が明るいからじゃないですか」と理由を推測した。練習時間は短いかもしれないが、強くするために中身が濃かったようだ。覚えているのは、怠慢なプレーや気を抜いたプレー、マナーを無視したような行いをすると、山崎に容赦なく怒られたことだという。

ある試合で選手が自分のバッティングの不甲斐なさにヘルメットを地面にたたきつけた。冷静さを欠いた行動とみたのか、激しく注意されたそうだ。

監督も一期生に対しては手探りの指導だったのだろうが、3年の夏の大会に残ったのは7人だった。最後の夏の大会のスタメンになったのは、日下晃義が2番セカンド、大畑輝幸が6番サード、広安が7番ライト、

一期生で残った7人と女子マネージャー

三宅貴夫が8番でファースト、9番がセンター林田徳之だった。木科智久と永井順一は代打で登場している。

バッテリーは2年のピッチャーで3番の中島とキャッチャーで5番の幡上、ショートで4番の青木、1年ながらレフトは1番の平野だ。バッテリーとクリーンナップという中心選手を下級生で固め、それを3年が支える布陣だ。

一期生の頑張りを認めながら、来年以降のことも考えた監督山崎の思いが伝わってくる。一期生最後の夏は一回戦で児島一に8—0で夏の大会初勝利をあげた。二回戦では第二シードの作陽に3—1で敗れている。

## 広安主将のノートとユニフォーム

当時、広安と監督とのやり取りを残したノートが残っていた。試合が終わるごとに選手からは反省や気持ち、監督からは課題や指示が伝えられている。広安はキャッチャーを元々していて、正捕手になる2年の幡上が独り立ちでき

広安主将とノート

るよう監督から要望が出されている。試合をしながら育ててゆく高校野球、城東野球部には最初からその積み重ねがあったことがわかる。

さて、大きく城東と漢字で書かれたユニフォームはおなじみだが、一期生が在学していた3年間は小さな緑の漢字が縦に付けられていた。学校の体操服の色がヒントだったそうだが「迫力がないので、横に大きく城東としました」と4年目からそれを変えたと山崎は話した。その直後の夏の大会で甲子園を決めた。

さらに、平成8年（1996）に岡山城東が初めて選抜に選ばれた時に、大きな漢字の周りに赤い縁取り刺繍を入れた。そして、準決勝に進出する快進撃が起きた。広安が大切に持っている、控えめな縦に城東と記されたユニフォームは一期生が踏ん張り、のちの活躍となる礎を築いた証だ。

1期生が3年間着たユニフォーム

## 初の選抜　相手は前年夏の全国優勝校

何年かの試行錯誤を経て、平成7年（1995）の秋、岡山城東は秋の県大会で3位決定戦に勝ち、島根での中国大会に挑んだ。八期生が中心の新チームだが、山崎はこの年のメンバーが入部してきた時に驚いた。30人もの部員が入ったのだが、調べると半分の15人が中学時代、野球部の主将をつとめ、6人が生徒会長をしていたという。すごいと言う選手はいないが、利発で視野の広い部員が集まったのだ。山崎は責任の重さを感じたと言う。中でも主将となる山上真吾は、OBによると山崎から唯一、怒られなかったという気配りができる選手だったそうだ。機転が利き、大舞台に強いと山崎は記している。のちに慶応大学に進み、巨人の高橋由伸とクリーンナップを組んだこともある選手だ。この世代、負けず嫌いの投手坂本憲保がエースとなって行く。

## 選抜出場　そして対戦相手は？

3位校で臨んだ中国大会、一回戦で防府商業（山口）に1—0、準々決勝でと豊浦（山口）に9―1（7回コールド）、準決勝で如水館（広島）に9―1で勝ち、選抜に当確ランプを点けた。決勝でも米子東（鳥取）に二番手投手山口が好投して6―0で勝って優勝した。これだけでも、快挙だが、それはまだ序章だった。

選抜に順当に選ばれ、ここからが選手、監督にとってビックリの展開になる。大阪での抽選会で、主将の山上が秋の東京大会優勝校で、しかも前年夏に全国優勝している帝京高校とのくじを引いたのだ。監督は思った。「帝京を引くなんて……」と。ただ、このころ岡山城東はレベルの高いチームとの練習試合が行え、そのレベルを体で知っていた。そして、素晴らしい戦いを見せて行く。

## 帝京戦　6回を終えて4点ビハインド

帝京は前の年の夏、2年生主体で全国優勝していた。多くの人は初出場の城東がどれだけ踏ん張れるかとみていたと思う。しかも、頼みの坂本が打たれ、主将の山上はエラーし、7回表終了時点で5―1と負けている。だれもが、二桁得点で敗戦かと思ったはずだ。だが、これから反撃だと予想していた人がいた。地元向けの放送で解説していたＲＳＫの有吉記者が「帝京のエース白木君は故障があるので、城東の打線がつかまえるかもしれない」

と自信満々に話したのだ。私は訝りながら中継を見続けた。

そして、相手投手が伴に代わり反撃が始まった。7回裏、四球の後に精彩を欠いていた山上が右中間に三塁打。まず、1点を返した。川崎一成がライト前に運び、さらに1点。坂本のバントで一死2塁。2年の主砲、永井裕也のヒットで一死1・3塁から二死2・3塁となって、一打同点のチャンスだ。ここで、丸顔でアンパンマンのような岡田淳平が、七球連続のファウルで粘り、11球目をセンター前にヒットし二者が生還、一気に5—5の同点にしてしまった。素人目には奇跡だが、相手の投球を分析したり試合の流れを読んで、ここぞというときに力を出す、城東の持ち味が出たといえる場面だ。9回裏には二死2塁から、またも岡田がセンターを越すサヨナラヒットを放ち、大金星をあげた。

山崎は「二回戦の浦和学院が一番力が

サヨナラヒットを打った岡田選手

**平成8年春　選抜　1回戦**

| | | | | | |
|---|---|---|---|---|---|
| 帝京 | 100 | 003 | 100 | 5 | 白木・伴・白木—坂本 |
| 岡山城東 | 001 | 000 | 401 | 6 | 坂本—大東 |

あったでしょうかね」と話した。のちに巨人に進む三浦貴がエースで、打線の軸は横浜、西武で活躍した石井義人だった。２点をリードされたが、またしても岡田が６回に２点タイムリーを放つなどして逆転。４―４で延長に入ったが10回裏のピンチをしのぎ、11回表に山上がスクイズを決め、５―４で難敵を押し切った。

準々決勝では明徳義塾を６―１で下して、準決勝進出を決めた。まさに快進撃、勝ち星を挙げた３チームは東京、関東、四国の優勝校として選抜されてきたチームだった。

## 押しかける報道陣　監督の後悔

岡山の県立進学校の快進撃にマスコミが宿舎に殺到した。しかも、同じ宿舎には同じく準決勝に進んだ智辯和歌山がいた。大勢が宿舎に入り、落ち着いた雰囲気が消えた。監督も取材対応に追われ、選手とのミーティングで試合に臨ませる気持ちを整える時間が失われた。山崎はそれを悔いていた。

それでも、翌日の準決勝では優勝する鹿児島実業と接戦を展開した。山崎は鹿実の久保克之の采配にやられたと振り返った。勝負どころで、打てるバッターにバントをさせ、そうでないバッターに強行策をとって幻惑されたのだ。

3—2、無念の敗退となった。

幼いころの記憶も合わせ、岡山東商の昭和40年の選抜制覇以外で、岡山勢が優勝に手が届いたのではないかと思うのが、この岡山城東だった。そして、もう一校、古い話だが昭和46年夏の岡山東商、準決勝で終盤までリードしながら、継投のタイミングのアヤで敗退した試合だ。オールドファンには懐かしい、K・Hライトと吉田の投手2枚を持ったチームだった。

## 平成10年夏　激戦の開幕試合

岡山城東の甲子園の戦いで、印象に残っているのが平成10年（1998）夏の二回戦PLとの試合だが、そこに行くまでに激戦があった。この年、岡山城東は岡山大会の開幕試合で倉敷工業と対戦した。開幕が決勝戦といってもいい組み合わせで、史上に残る大会だった。雨中の熱戦は追いつ追われつで延長10回表に城東が3点を取り逃げ切ったと思えた。だが、倉工がなんと3点を追いつく。さらに、今度は倉工がサヨナラのチャンスでヒット性の当たりを打ち、城東は負けたと思ったが、ファインプレーが出てピンチを切り抜けた。ここで雨脚が強くなり再試合となったのだ。

翌日も接戦で4点をリードした城東だったが、倉工も追い上げ3点を取った。最終回も一打同点の場面になったが、城東が辛うじて勝利をものにした。

甲子園の試合だけに目が行きがちだが、地方大会の勝負はそれ以上に火花が散る。なにせ、近隣チームとの因縁が深いからだ。ちなみに、この時の倉敷工業の4番はRSKでニュースカメラマンをしている横田康成だ。母がフィンランド人とのハーフで龍谷大学に進み日本選手権にも出場したナイスガイである。

## PL学園との接戦

この年は、いわゆる松坂世代だった。準々決勝での横浜とPL学園との史上に残る延長17回の戦いがあった。PLのエースは立教大学からアナウンサーになる上重聡、レフトには走攻守が揃い、横浜を苦しめた2年の田中一徳（横浜）がいた。岡山城東は一回戦でヒグマ打線と評判だった駒大岩見沢に勝って、PLと二回戦でぶつかった。

相手の先発は背番号10の左腕、稲田学が登板した。さすがにPLは層が厚く、稲田は城東を完璧に抑えた。だが、5回まで失ったのは1点。ワンチャンスあれば試合の行方はわからない。城東は速いテンポで投げる稲田に間合いをとり、後半、右狙いで対抗した。だが、アクシデントが起きる。6回までＰＬを3安打1失点の力投をしていた2年の中野圭一郎が両足にケイレンを起こしたのだ。ブルペンには、本来のエースの3年細川尚広と2年ながら急成長し県大会でも好投した未完の大器、小林基嗣がいた。細川は県大会の開幕戦での連投でヒジを故障し、本来の出来ではないが経験をかって、監督の山崎は7回表のマウンドに送った。球がうわずって、いきなり四球だったが、あとは変化球で３三振に打ち取った。その裏、細川を盛り立てようと二死2塁から山崎文敬が二塁打し、同点にした。あのＰＬ相手に、堂々の戦いだった。

山崎はＰＬは「チームのレベルがすごくて、何より攻めの守備が手ごわかった」というのだ。バント守備での前進する速さや迫力、統率された動きなど、相手にプレッシャーをかけるようなオーラがあったのだ。選手がそれを意識しないよう、試合前、ＰＬのノックを山崎は見せなかった。

9回表、ＰＬの先制点となるタイムリーを放った三垣勝巳が、今度はバックスクリーン

岡山城東―ＰＬ学園戦　無念のホームラン

へのホームランを放って、これが決勝点になった。

ネームバリューに負けてしまうチームが多い中、城東の戦いはそれを感じさせない。自分たちのベストを尽くすことの重要さを伝えてくれるようだ。

ＰＬ戦、細川でなく「好調でスケールの大きい小林の登板は考えなかったのか」と山崎に聞いた。「細川がチームを引っ張ってきたから、投げさせました」と話した。「私の判断が甘かったのかもしれません」とも付け加えた。勝負に徹すること、そして選手に報いること、様々な思いが交錯する高校野球の采配は難しい。

ここで話題に上った小林は、身長が１９０センチもの大柄な投手だった。学業が飛びぬけて優秀だった。受験の時には共通テストの得点で早稲田に合格する。だが、本来は東京大学を目指していた。ところが、２年前の選抜で活躍した時の主将山上の伝手で、慶応野球部を見学したのだ。エンジョイ・ベースボールといわれる慶応の気風が気に入り、慶応にも合格し入学を決めた。「東大は受けません」と監督の山崎に伝えたが「早稲田、慶応、東大に合格する機会は誰にでも出来ないから受験しろ」と指示したそうだ。

東大の合格発表の日、小林は「落ちました。慶応に行きます」と笑顔で報告したそうだ。不合格を笑顔で伝えられる珍しい光景だったが、山崎はわざと落ちたのかもしれないと苦笑いした。

岡山城東の活躍は短時間の練習でも、大きな成果につながることを示してくれた。実は、この練習方法を何度も見学にきた監督がいた。中学校野球で監督をしていた長尾健司だ。香川の高松商業を神宮大会で優勝させ、選抜でも準優勝に導き、名門復活をさせた名監督だ。中学の県大会で優勝が9回、勉学中心の国立大学の付属中学も短時間の練習で全国に出場させた手腕は城東とつながっていたのだ。

不思議なことに長尾は城東一期生の主将広安の大学時代野球部の1年先輩にあたる。高校野球は不思議な縁で結ばれている。

初の甲子園　そして紫の栄光

# 岡山県立玉野光南高校

甲子園出場　春２回　夏３回

創　　立　昭和59年
創　　部　昭和59年
最高成績　春　２回戦（平成２・11年）　夏　３回戦（平成14年）
主な選手　山原和敏（日ハム）山本樹（ヤクルト）広畑敦也（ロッテ）

【ユニフォームの概要】

創部まもなくは体操服と同じ薄いライトブルーの地色を採用し、校長の書いた優美な「玉野光南」と漢字表記だった。開校四年目に地色はそのままにして大ぶりの早稲田文字で「KOHNAN」と変わった。黒の字に白の縁取りが力強さを感じさせる。萱監督、森光コーチの時代に白地になり、字の色も紫の「KOHNAN」と改めた。白に変えた理由はブルーが県外のファンには岡山南のイメージが強く、晴天の時にグレーに見えたことだという。紫を採用したのは二人の出身大学天理と明治がともに紫のスクールカラーであったことにちなむ。

## 開校当初の野球部

玉野光南は昭和59年（1984）に普通科、情報電子科、情報処理科、体育科（現在は普通科、情報科、体育科）を持つ高校として創設された。野球部は創立と同時に作られているが、順調に成長したとはいえないかもしれない。玉野地区の新設校で地域の事情に詳しいことなどから初代、2代の監督は玉野高校のOBが就任していた。ただ、様々な理由から在任は短く、開校四年目、昭和62年（1987）に県の教育委員会に勤務していた松野英雄が赴任し、引き継ぎ期間を経て監督に就いた。松野は当時36歳、津山高校、広島大学で野球部に所属していたが、最初の赴任校で1年だけ軟式野球を指導しただけで、13年間も野球から離れていた。野球部の指導をと告げられた時、長いブランクがあったため「えっ？　なんで？」と、びっくりしたそうだ。

玉野光南は体育科を持っていたが、当時の野球部には中学時代に活躍した選手はなかなか入らず、控え選手だった部員が多かったと松野は話した。近隣の中学校に勧誘に行ったが、同じ地区の玉野高校が選手集めに力を入れていて、松野の訪問は歓迎されず、早々にそれはあきらめたという。

赴任早々、松野は慌てることになる。「先生、ユニフォーム、漢字からローマ字に変えますよ」と部員たちが伝えてきたのだ。その時のユニフォームは開校に尽力した当時の三澤校長の書で「玉野光南」と記してあった。大人の事情を知らない部員たち、校長に承諾はとっておらず、松野は慌てた。校長を説得し事なきを得たが、前途多難を思わせた。「今思えば、校長の字は優美な書体で力強さが感じられないと生徒は思ったのかな」と振り返った。

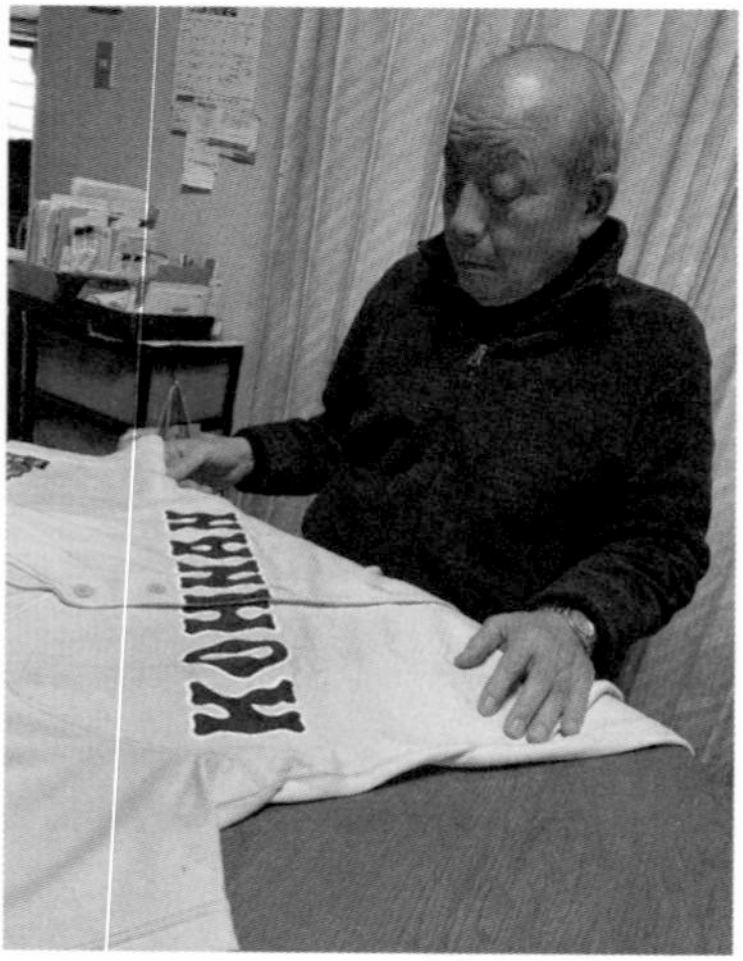

当時のユニフォームを見る松野さん

## 独特の指導で選手が成長

スポーツに力を入れているとはいえ、練習時間は公立の商業・工業高校や私学に比べると短く、午後7時ごろまでだった。そこで、体育教諭の松野は難しいプレーは教えず、基礎的な動きを身につけることで、選手の体幹を鍛える指導をした。右打ちをしたら左でも打つ、腹筋をすれば背筋トレーニングをするという、逆の動きを繰り返すのだ。筋力の発達や動きのバランスをとる方法だった。

松野が赴任した翌年に入部した選手たちも、主将となる田野昌平のほかは、体が小さく163センチ平均の小柄な選手が多かった。ある時、投手経験のあった大森芳郎、吉井良治、元山光樹が松野に話しかけた。「先生、僕たちは中学の時、3人合わせて、一勝しかしとらんの知っとる?」と笑いながら言ったのだ。今の玉野光南では考えられない実績のない選手たちの集まりだったが、そんなチームが奇跡的に強くなって行く。

ショートの坪井洋二はファーストにボールが届かないほど肩が弱かったが、見事な守備を見せるようになった。主将の田野昌平は基礎体力があり、捕手候補だったが真っすぐな性格で相手を欺くようなポジションには向かず、ファーストに据えた。主将ではあるが背番号12をつけさせ試合に出た。もっともっと野球を知り、伸びてもらいたい思いで補欠番号を背負わせた。エースとなる大森芳郎はアンダーハンドに変えるとスライダー回転のボールが効果的で、いい球が投げられるようになった。

松野の独特の体力作りで力を付けた選手は、もっとバットを振りたい、ボールを触りたいと野球への意欲を増して、チームの形が出来ていった。

## 甲子園出場の礎になった山原、山本、乗金

中学時代の実績がなかった田野主将たちのチームが大きく伸びた理由の一つに二学年上の世代に逸材がおり、彼らとともに練習や試合をしたことがある。

山原和敏、山本樹はのちにプロ野球に進む投手、乗金篤は打率5割、十数本のホームランを打った主力打者。松野が就任して2年目、昭和63年春の大会で優勝し、中国大会に進出。そこでも、徳山（山口）、西条農業（広島）豊浦（山口）を破り、初出場で優勝。夏の岡山県大会では優勝候補に上げられるまでになった。

だが、好事魔多し、打線の軸の乗金が盲腸になり、夏の大会では調子を落としてしまった。そして、準々決勝で倉敷商業に敗れた。そんな思いを引き継ぐように、平成元年、田野たちの世代が秋の大会で奮闘した。

## 平成元年秋　県大会　中国大会での激闘

入部当初はどうなるかと思った田野主将の世代が2年の秋を迎えた。県大会では準決勝

で延長16回の死闘で関西を6―4で破って勢いに乗った。松野は「いい試合だった。末代までお酒が飲める」と話したことを覚えていた。決勝では倉敷商業に11安打を打たれながらも、しぶとく守り8―6で勝ち、優勝。

1位校として選抜切符をかけて、鳥取での中国大会に挑んだ。初戦で宇部（山口）に4―3、準々決勝で境（鳥取）に11―5、そして、決勝は岡山勢同士、倉敷商業との再戦だった。当時の倉敷商業は長谷川監督が一番脂がのっていた時期で、難敵だった。だが、打線の要、田野が猛打を振るって9―2で優勝した。翌年の選抜には、この二校が順当に選ばれた。

## 甲子園は「絨毯」のようだった

平成2年（1990）春の甲子園、松野は甲子園に足を踏み入れた。その感触を「絨毯のようで、スパイクがしっかり土に入り気持ちよかった」と話した。意外な玉野光南への赴任から3年足らずで、なぜかたどり着いてしまった大舞台だ。同時出場の倉敷商業は川西緑台（兵庫）に敗れたが、玉野光南は北嵯峨（京都）に3―2で競り勝った。甲子園初出場で初勝利だった。

この試合、前の試合が長くなり、球場入りが遅れた。その時、記者から「(巌流島の)宮本武蔵ですね」と声をかけられたのを松野は記憶している。長く待機して小腹をすかした選手にバナナを通路で食べさせていると、役員から注意された。

帽子を脱いで詫びる格好はしたが「時間が押すときは部屋ぐらい用意して欲しいわ」と心の中で考えた。監督は冷静に、この試合に臨めていた。

それには新人教員の時、1年間だけ大原高校で軟式野球の指導をした際の経験が生きていた。大きな大会になると、選手は浮ついてしまう。選手への事前の指示も「丁寧に入念にすること」を学んでいたのだ。玉野光南は、これまでに5回甲子園に出場しているが、初戦負けは1度だけだ。

甲子園での松野監督と選手

**平成2年春　選抜　一回戦**

| | | | | | |
|---|---|---|---|---|---|
| 玉野光南 | 010 | 110 | 000 | 3 | 大森—榎本 |
| 北嵯峨 | 002 | 000 | 000 | 2 | 森—広田 |

## 北陽の寺前　優勝候補との戦い

平成2年（1990）選抜の二回戦では、のちに近鉄に入団する評判の大型右腕、寺前正雄がエースの北陽との対戦、優勝候補の一角だった。松野は2勝目を期待する関係者に「勝つ確率は1パーセント」と話していた。松野は選手の力も監督の力も向こうが上、静かな試合運びで淡々と進み、終盤になんとか勝機を見いだそうとしていたようだ。

強打線をかわそうと、早め早めに継投し、吉井、元山、大森と中学時代に三人で1勝しかできなかったトリオが踏ん張った。3点をリードされたが、6回に2点を返し、終盤勝負に持ち込んだ。8回裏に1点を追加されたのが痛かったが、最終回、9回表の攻撃に勝負を託した。

この試合、寺前に12三振を奪われながら、6本のヒットを打ち、5四球を選び、3つの盗塁を決め、力の差を埋めてしぶとく食い下がった。そして、土壇場で追いつくチャンスが広がろうとしていた。

足の速い松村秀樹が3塁に進んだ。次のバッターは角畑真司で前の打席でポテンヒットを打っていて、同点のランナーに出れば、疲れてきた寺前から一打同点のチャンスが生まれるかもしれないと松野は考えた。そこで、思いもしないことが起きた。

なんと松村が自分の判断で、ホームスチールをしたのだ。これが決まって1点差となる。大いに沸いたスタンド。だが、松野は腹の中で怒った。サードにランナーを置いているのと、ランナーなしになるのとでは、ピッチャーへのプレッシャーがなくなってしまい、流れも切れる。角畑がなんとか出塁すれば同点のランナーになると考えていた松野の目論見は消えた。

結局、このまま試合終了となった。松村は観戦していた関係者に「状況を考えたプレーを」と釘を刺されたそうだ。ちなみに、北陽は準決勝に進み、準優勝した新田（愛媛）から17三振を奪う力投を見せたがサヨナラホームランを打たれ敗れている。

## 赤とんぼが甲子園を遠ざけた

春の選抜が終わり、当然のように夏の甲子園を狙うことになったが、ある出来事が起きた。エースの大森は絶好調で監督も春夏の連続出場に手ごたえを感じていた。本番に向け、球場を借りて練習を始める時に、それは起きた。左中間にある水を撒く散水装置を足で踏んでケガをした選手が出たのだ。なんと大黒柱の大森が右太ももの内側を傷めたのだ。赤とんぼを帽子で追いかけていて散水装置に気づかなかったのだ。

試合には出られるようになったが、球威は戻らずこの夏、玉野光南は二回戦で岡山東商に敗れた。この夏は昭和62年（１９８７）の新設校、岡山城東が開校四年で甲子園切符をつかんだ。赤とんぼがいなければ、決勝が城東―光南になっていたかもしれない。今、思えば新設公立高校同士の戦いを見てみたかった。

## 松野監督から萱監督へ

松野は国体準備のスタッフとして異動し、玉島商業で監督を務めていた萱勝が野球部の指導を引き継いだ。まだ、二十歳代の監督だったが、大胆にも校長に直談判して倉敷商業から明治に進んだ、森光淳郎をコーチで光南に来させて欲しいと頼み込む。萱は倉敷商業の長谷川監督から指導を受けていた時、森光が教員になることを知ったのだ。「光南の野球に倉商の緻密な野球の要素を入れたかった」と萱は話した。

翌年、森光は玉野光南に赴任し、萱が一軍にあたるAチーム、森光がBチームを分担して鍛えていった。平成10年（１９９８）秋の県大会は準決勝で岡山東商に敗れたが、岡山は開催地で4校が中国大会に出られる幸運に恵まれた。

一回戦で宇部鴻城（山口）に8―3、続く準々決勝ではなんと県大会で優勝した関西に1―0で勝ってしまった。準決勝は浜田（島根）に10―3と大勝し、決勝では開星（島根）相手に12―9と打撃戦の末に負けたが準優勝し、選抜出場を決めたのだ。萱は「この時はそんなに強くないチームだったんですが、なぜか勝ってしまいました」と首をかしげた。

その秋に関西が公式戦で負けたのは玉野光南と戦った中国大会だけだったが、勝ち負けは時の運、勝ちに不思議の勝ちありだ。関西の角田監督は萱に「うちは県大会で優勝したけど、準決勝で負けた光南が甲子園に行くんや」と言って、いじられたそうだ。この選抜出場がきっかけで光南で野球をしたいと言う選手が集まるようになり、黄金期を迎えるのだ。

## 快速球　寺原との対決

平成13年夏（2001）、萱の率いる玉野光南は強打のチームとなり甲子園に乗り込んだ。ベンチ入りのメンバー全員がホームランを打てるチームで萱も期待していた。一回戦では帯広三条に8―0で圧勝した。二回戦は日南学園との対戦だった。エースは非公式ながら155キロと当時最速の快速球を投げる寺原隼人、のちにソフトバンクなどで活躍する大会屈指の選手だった。

練習では150キロ台にマシンをセットして打撃練習に取り組み、次第に球速に慣れていった。ところが、試合では寺原が先発ではなかった。発熱があり先発回避と伝えられたが、選手たちは「なめられた。先発の片山をノックアウトして寺原をマウンドに立たせよう」と燃えた。そんな気迫がチームにあった。

4回まで1—1、光南の打撃を見てか、日南は5回から寺原を登板させた。

5回表に2点を加えられたが、6回裏、光南が寺原をとらえる。評判の投手を打ち込み3点を奪ったのだ。4—3と逆転したが、今回の取材で萱が意外なことを話してくれた。「ランナーを出しても、球速が速くてバントが決めれないんですよ」。ヒットはそうは打てない。だから、リードして、さらに突き放すためには確実に走者を送りたい。

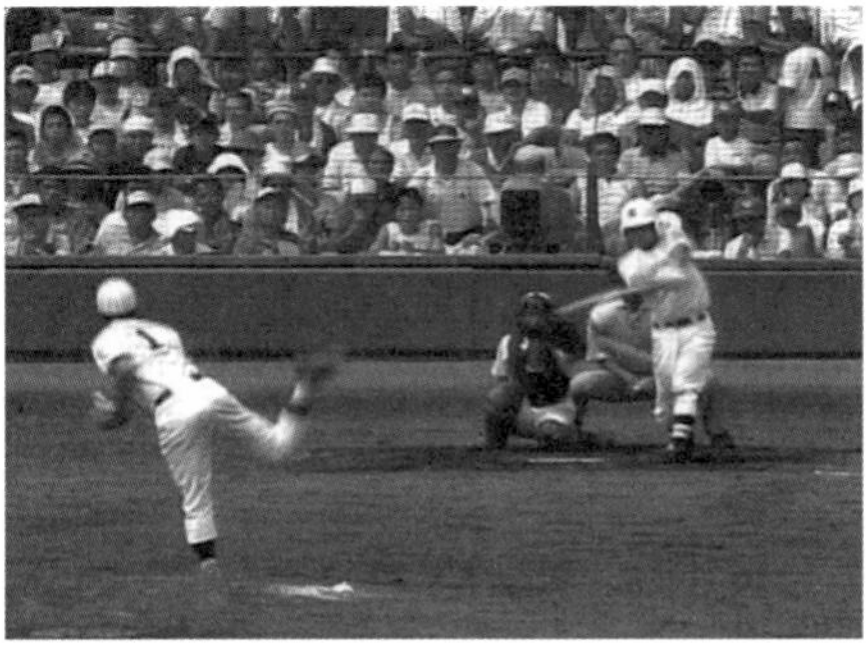

玉野光南—日南学園　寺原を打つ光南打線

**平成13年夏　甲子園　二回戦**（延長10回）

| | | | | | | |
|---|---|---|---|---|---|---|
| 日南学園 | 000 | 102 | 010 | 2 | 6 | 片山・寺原—中原 |
| 玉野光南 | 001 | 003 | 000 | 0 | 4 | 藤本—国米 |

だが、それをできない。「150キロのバント練習はしませんから」と当時の心境を話した。「プロに行く選手ですから、バントができたとしてもフィールディングがいいから」と寺原の潜在能力も感じていた。

9回裏に4―4で二死満塁とサヨナラのチャンスをつかんだが、決めきれなかった。延長10回に押し出しなどで2点を取られ、寺原からの金星は奪えなかった。

## 9回　起死回生の同点ホームラン

次の年、平成14年（2002）の夏も玉野光南は甲子園にやって来た。前の年よりやや小粒と萱は話したが、やはり大舞台を踏んだ経験は強いのだろう。一回戦、久居農林を4―2で下し、二回戦は小山西との対戦だった。この頃の光南はリードされていても、ベンチに気迫が満ちていた。それを象徴するのが、この試合だ。打撃戦は終盤に打ち勝った小山西が7―4と3点をリードして9回裏の光南の攻撃を迎えた。9回表に追加された2点が重いがベンチはあきらめていなかった。多分、相手投手の疲労を見て、打てると信じていたのだろう。こうした時の投手心理は早く終わらせたい気持ちが強い。だから、ランナーを出して心理的に追い込みたい。

一死となったが光南の試合にかける気持ちの圧力が強かった。試合のビデオを見ると、それがよくわかる。相手投手は球威がなくなり、低めのカーブを引っかけてもらおうと投球していたが、勝負に行く前の直球の手元が狂い連続死球。一死1・2塁になった。光南の打者が冷静にバッターボックスに立っているのが感じられた。そして、カーブに的を絞っていたのかのように、左バッターで4番の尾上幸也が見事にバックスクリーンに運んでスリーランホームラン。7―7の同点にした。

そして、延長11回、サヨナラヒットを放ち、見事な逆転勝ちだ。

土壇場のスリーランホームランで同点に

## 高校野球は大河ドラマだ

松野から始まった玉野光南の栄光は、萱がチームに新しい風を吹かせて黄

**平成14年夏　甲子園　二回戦**（延長11回）

| | | | | | | |
|---|---|---|---|---|---|---|
| 小山西 | 000 | 010 | 312 | 00 | 7 | 池田―久保 |
| 玉野光南 | 100 | 011 | 103 | 01 | 8 | 田中・塚本―木村 |

金期をつくった。そして、平成25年（２０１３）夏に松野の教え子、田野が甲子園に導いた。３年間で選手は次々に入れ替わり、ずっとチーム力を維持するのは難しい。だが、勝ちに向かって努力を継続できるチームが、いつか実を結ぶ。

40年以上も岡山の高校野球を見てきて感じるのは、人の喜び、悔しさを伝え続けることの大切さだ。連綿と続く選手、監督の営みは現代の大河ドラマのように感じられる。

くせ者チーム誕生　大物食い軍団

# 岡山県立岡山芳泉高校

創　　立　昭和49年
創　　部　昭和49年
最高成績　夏　県大会準々決勝（昭和53·55·56·57·58年）
　　　　　秋　県大会準決勝（昭和50年）

【ユニフォームの概要】

白地に小ぶりな漢字四文字。写真のユニフォームは、三期生の選手たちから十期生ごろまで続いた。緑は当時の女子生徒の体育用のジャージの色からとったとも言われる。アンダーシャツは白、ストッキングも白基調だった。白っぽくて弱いチームに見せる心理作戦だったと話すOBもいる。ストッキングの四本線は岡山市内4番目の普通科校を表す。創部当初などは縦に「芳泉」と表記した。また、近年ではゴシック体で「HOSEN」と法政大学を思わせるユニフォームとなった。

## 学校創設と野球部

岡山芳泉高校は、昭和49年（1974）に、岡山学区四番目の普通科校として開校した。石ころだらけ部員5人のグラウンドの整備から始まった野球部は、創部から10年間に夏の岡山大会で、実に5度もベスト8に進んでいる。練習時間は、午後3時40分ごろから5時までの1時間ほど。大会前の試験期間は、練習なし。監督が、付きっきりで指導することもない野球部だったのにである。

開校1年目、監督には野球経験のない先生を「顧問がいないと活動ができない」と無理に口説き落としたという。部員が「サインを決めましょう」と言えば、「サインを決めるより、ヒットを打てばいいじゃないか？」と監督が言うレベルだった。

だが、調べてみると芳泉は夏の大会で、倉敷工業、倉敷商業、岡山理大附属。春、秋の大会では、関西、岡山南も破っていた。まさに、名門、古豪にとっての鬼門。一時期、不思議な力を持つこのチームに、実力校は顔をしかめていた。どんなチームだったのだろうか？

## 一期生の活躍　エース猪原たちの大金星

一期生の部員は、中学時代の近隣校の顔見知りが集まった。バッテリーは、同じ中学から進学した猪原―渡辺。調子が悪かろうが、打たれようが、延長になっても、この二人。だが、猪原はのちに同志社大の準硬式野球で活躍。全日本選抜メンバーになる実力派だった。開校2年目の秋、地区予選を勝ち抜き、県大会に進出、さっそく魔力を見せた。名門の2校を撃破し、準決勝に進んだのだ。

一期生のエース猪原正浩は、意外なことを話した。

「グラウンドにはバックネットがあるだけで、練習できる状態じゃなかったんで、自転車で海岸通りにあるクラレ岡山まで行ったんですよ。2年になると自分たちの学校で練習したんですけど、レフトにはサッカー部がいるし、ファーストの横はテニス部でした」と苦笑いした。

同級生の父親の伝手で、グラウンドを借りたそうだ。「高松商業のOBの方がいらしてね、ベース間ダッシュを何十本もやらされて、きつかったです。そんな基礎練習だけで、へとへとの時もありましたね」と、猪原は言った。

一期生　エースの猪原投手

## 短い練習時間を乗り越えて

新設校で、学業に力を入れて欲しいと、部活動は午後5時までだった。一期生は、校外で練習していたが、名物の教頭がバイクでやってきて「もう時間だ、帰れ」と厳しく注意されたのだそうだ。そんな中、短時間で集中して練習する気風と自主性が生まれていった。やがて、大物食い軍団と言われてゆく芳泉。記念誌「芳泉高等学校野球部30年の歩み」には、一期生の起こした大金星のことが、詳しく記されている。先の猪原—渡辺たちの奮戦だ。

昭和50年（1975）秋の大会一回戦、対倉敷工業戦。倉工には夏に惨敗、誰もが大敗だけはしたくないと思っていた。10—0でコールド負けをしていたのだ。誰も勝とうとは思っていなかった。だが、4回表の二死1・3塁から平凡なフライを一塁手が落球して、ラッキーにも、2点を先取する。

だが、その裏に3点を取られ、8回裏にも1点を追加されて4―2。芳泉の攻撃も9回表ツーアウトランナーなし。猪原は、予想通り負けたと気を抜いていた。だが、野球漫画のようなことが起きる。「まだまだ、これからじゃ！」ベンチに大声が響いた。

## 一期生、大金星の裏側

あきらめの悪い男、主将吉田の叫びが、空気を変える。すると、下位のバッター額田がなぜか二塁打。のちに社会人野球で活躍する倉敷工業のエースに、無欲の芳泉が魔術をかけたように、試合が動く。

二塁打の後、連続四球で満塁。そして、林が2塁への内野安打、相手のまずい中継プレイで4―4。まさか、まさかの同点だ。

そして、延長11回表、芳泉は一死1・3塁から、同点打の林が、今度は二塁打。そして、スクイズも決める。6―4と突き放し、その裏を猪原が抑え、開校2年目の野球部が、なんと岡山屈指の名門を下したのだ。

奇跡的な勝利。だが、何かが起こる予感を感じ取っていた人がいた。部長の海外研修で代理としてベンチに入っていた、教諭の沼本俊太郎だ。

## 番狂わせの予兆　折れたノックバット

試合前のノックの最後、倉敷工業の名将小沢馨が、キャッチャーフライを打ち上げた。その時、黒塗りのバットが折れたを見たのだ。沼本は「胸騒ぎを覚えた」と記念誌に書いている。倉工にとっては不吉な予兆だった。翌春の選抜を有力視されていた名門は、この試合で5つものエラーをしている。記録に残らない、まずいプレーも出た。鍛えられたチーム、新設校相手に心の隙があったのか。そして、それは名将の心にもあったのか。

この敗戦を機に選手、監督として倉敷工業の名を全国区にした小沢は、すっぱりと母校のユニフォームを脱いだ。芳泉の魔術は、岡山高校野球史上の英雄にも及んだのだ。

**昭和50年秋　岡山大会　一回戦**（延長11回）

| | | | | | |
|---|---|---|---|---|---|
| 岡山芳泉 | 000 | 200 | 002 | 02 | 6 | 猪原一渡辺 |
| 倉敷工業 | 000 | 300 | 010 | 00 | 4 | 塚岡一江草 |

この本の執筆で、誰もが認める名門校の元監督に取材した。「芳泉にやられてますね」と水を向けた。彼は、それには答えず、目を遠くにやった。厳しさで知られ、鬼と言われた元監督でさえ、芳泉魔術にしてやられていたことを筆者は実感した。

芳泉の不思議な力は、相手を油断させる雰囲気なのか？　のびのびとした無欲さなのか？　新設校が持つスタンドと一体になった応援だったのか……。多分、そのすべてが魔術、魔力の源だったのだ。それが、岡山芳泉のある期間までのカラーとなったのは間違いない。部史の編纂をし、芳泉野球部への愛にあふれる三期生の槌田俊二は話す。

記念誌には番狂わせの記事が躍る

## ユニフォームに秘めた三期生の思い

「僕らの時は、ユニフォームは一見、弱々しいけど、実は強いようなイメージで、白っぽい基調にしようと部員と話したんです。胸の漢字も白っぽいものにしようとしたんですけど、これは高野連にダメ出しされたみたいなんですけどね」心理戦をかけるような高校生らしからぬ、老獪な発想に筆者は笑うしかなかった。野球主体のチームに対して「勉強と両立させて負けない」という気持ちも込めたと言う。

槌田たち三期生も開校から5年目の夏、岡山理大附属などを破り、夏の県大会で、ベスト8に進んでいる。

「準々決勝から、NHKのTV中継があって、ユニフォームを洗濯して着るかどうかと話したんです。みんながしないって言ったんで、私はしなかったんですよ。でも、当日、全員洗濯してきて、私だけ泥だらけ。恥ずかしかったですよ」と槌田は笑った。他のチームメイトは、TVに映ることを意識していたのだそうだ。そこで、無欲が消えたのか、倉敷商業に5―0で敗れ、彼らの夏は終わった。

槌田と同期の三期生は、勉学と野球を両立させて、東京大学2名を含む難関大学に多くが合格したとも語った。培った自主性が、勉学にも好影響をもたらしたのだろう。

東大に進んだ坂本二朗は昭和56年（1981）春・秋のリーグ戦で9勝をあげ赤門旋風を巻き起こしたときの捕手で、のちに東大野球部の監督も務めている。

## あこがれて芳泉野球部に

開校初期の野球部の活躍を見て、進学も野球も頑張りたい中学生が、次々に入部したと言う。十期生の岩本達也も、その一人だった。

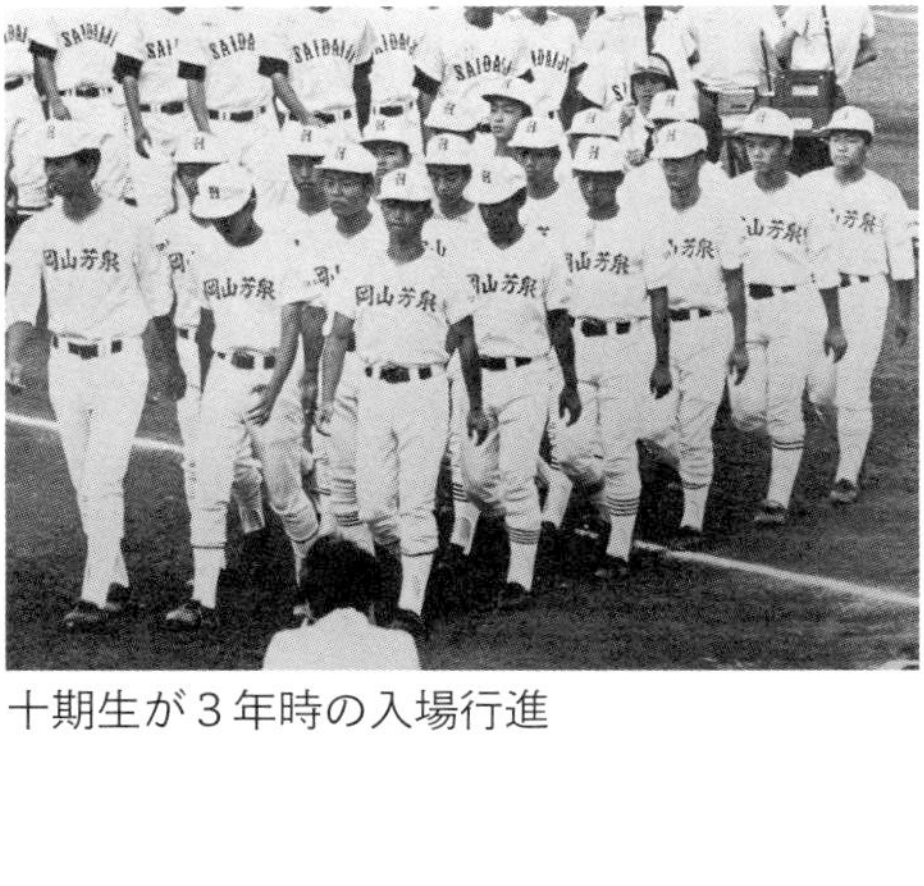
十期生が3年時の入場行進

「巨人で活躍した川相昌弘さんの弟と同級生でね、岡山南の応援に行った時、前の試合、芳泉が春の県大会優勝の倉敷工業に7―3で勝ったのを見たんです。すごい、びっくりですよ。芳泉で野球をしようと思いました」と振り返った。

第一シード倉敷工業からの金星は昭和56年（1981）夏の2回戦、3回に二死からスリーランホームランなどで4点、4回にも二死から2点を取り、終始、名門倉工をリードしての会心の勝利だった。当時の新聞は「まさに大物食い」と書き「倉敷工をのびのび野球で破った芳泉に脱帽だ」と評している。

## 選手たちが決めた練習メニュー

大物食い軍団、岡山芳泉。監督を見つけるのも、練習メニューも、朝や昼の自主練習も、部員たちが考えて実行していった。弱いと見せかける偽装作戦も、彼らが相談して生み出したものだ。

打撃ケージがなくて、バッティング練習は、一か所のみ。ストライクが来たら必ず打つ、いわゆるツーストライクバッティングを徹底した。時間がなく、何十本も打撃練習は出来ない。一球にかける集中力が自然と養われていったのだろう。そんなチームが、つむじ風を起こす。だから、高校野球は面白い。

時代の流れの中、芳泉のユニフォームは、今、東京六大学の法政に似たゴシック体のローマ字に変わっている。私学台頭が著しい、昨今の岡山の高校野球界。かつての岡山芳泉のような、不思議なチームが再び現れて欲しい。

# 6

# 県北からの挑戦

北の名門　伝統とB'z世代の活躍

# 岡山県立津山高校

創　　立　明治28年
創　　部　明治30年
最高成績　夏　山陽大会決勝(大正10年)　秋　県大会優勝(昭和26年)

**【ユニフォームの概要】**

岡山県では関西の次に岡山朝日と同じ時期に創部された古い歴史をもつ名門校だ。戦前は「TSUCHU」の胸マークだった。戦後OBが早稲田大学に進み、その影響で早稲田カラーのエンジを取り入れ、同じく早稲田文字で「TSUYAMA」と表記するようになった。一部デザインを変えているが、同じタイプのユニフォームを70年以上採用している。県北チームとして古くから活躍した誇りが感じられる。わずかな期間、広島商業に似たものにしたが、直後に関係者がケガをしたり、OBからも不評で、すぐに元に戻ったエピソードが残っている。

## B'z世代の活躍

津山高校野球部のOBたちは、昭和56年（1981）秋に県大会で準優勝し、中国大会に出場したチームをB'z世代と敬意をもって呼んでいる。B'zの稲葉浩志と同期生であることからそう呼ばれる。中でも、エースだった山本智行は、授業を休んで稲葉と倉敷市民会館まで好きだったミュージシャンのコンサートに出掛けたエピソードを持つ。

山本は関西の大学に進学した後、スポーツ新聞の記者となりプロ野球、競馬、ゴルフなどで健筆を振るった。名前を音読みして「智《ち》行《こう》」の呼び名で書いた競馬の予想は人気を呼んでいた。岡山県では、この時代には、川相昌弘（巨人）や横谷総一・八木裕（阪神）らがいて、記者として取材する中で当時の思い出話をして盛り上がったという。そして、今は津山の地元新聞に故郷を出て活躍している人を紹介する「ザ作州人」を定期的に書いて

山本智行さんと川相昌弘さん

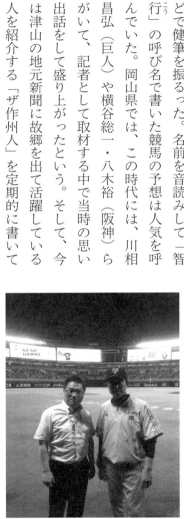

いる。

B'z世代は昭和55年（1980）入学世代だが、その頃から10年近く津山は夏の県大会で必ずベスト8、そして、1度はベスト4に進む進学校ながら、強いチームだった。広く言えば、「津山高校野球部B'z世代期」といえるのではないだろうか。この期間の夏の県大会の成績は、昭和57年8強、58年4強、59年〜61年8強など10年間で初戦負けは1度だけである。もちろん、そこには理由があった。まさに、「ウルトラソウル」ならぬ「ウルトラ津山」な時を振り返ってみよう。

## 津山中学の草創期と戦前の活躍

B'z世代の話をする前に、津山高校野球部の歴史を紐解いてみたい。津山中学として創立された2年後の明治30年（1897）に創部されている。蘭学者を多く輩出し、日本でも高い文化水準を誇る土地柄だけに新しいスポーツ文化の移入も早かったのだろう。そして、同じ頃に創部した岡山中学が試合で津山を訪れている。明治32年（1899）には、鳥取中学（現鳥取西）にまで遠征している。記録によると袴姿で道具を背負い、徒歩で加茂谷を越え、中国山地を横切っての大遠征だ。野球チームが少なかったためだろうが、武士の武者修行の様で時代を感じさせる。

そして、大正12年（1923）には、夏の全国大会出場の最終関門、山陽大会で決勝に進み、広陵に敗れている。この頃、まだ甲子園は出来ておらず鳴尾球場での開催だった。昭和6年（1931）には岡山県大会で優勝、戦後の昭和26年（1951）にも秋の県大会で優勝し選抜選外優秀校に選出されている。

## B'z世代を支えた　小椋監督と小林校長

草創期や戦後間もなくを除いて、県北の進学校、津山の野球部は昭和50年代半ばから10年近く、その力を発揮した。当時の監督は小椋嘉幸（昭和28年卒）で、昭和38年（1963）から平成になる頃まで26年間も監督を務めた。教員ではなく、購買部の仕事をしていた。就任の理由はOBたちが野球部を強くするため、社会人野球をしていた小椋を津山に帰らせ就任させたのだ。学校の食堂と購買部の業務を一人で行いながら、休むことなく部員を指導した。熱心な監督で、試合中は喜怒哀楽を隠さない熱血漢だった。

そして、もう一人、小林正（昭和22年卒）。現役時代は主将、エースで4番、野球部監督も10年、教頭、校長、さらに野球部のOB会長を務めた、ミスター津山野球部だ。B'z世代期の部員によると、小林校長から19時までは練習してもよいと、お墨付きをもらっていたそうだ。体育の先生が下校するように注意すると校長の名前を出して練習を続けたと言う。そんな後ろ盾を得て、選手たちは活躍する。

昭和56年（1981）秋は決勝で川相昌弘を擁する夏の甲子園帰りの岡山南に敗れたが玉島商5―2、岡山芳泉4―2、岡山東商を2―0で破り準優勝。山口県徳山市（現周南市）での中国大会に進んだ。中国大会を決めた試合では、ミスター津山高校野球部の小林が顔を真っ赤にして部員たちに「よくやった」と感激を表したと言う。野球部の記念誌を編纂し、部の歴史に詳しいOB寺坂康志は話した。

小林さんと小椋さん

## 28年ぶりの中国大会　結果は？

ただ、部員たちは山口県へ遠征できることを喜び、「勝って甲子園を」との気持ちの集中は出来ていなかったようだ。エースの山本智行は「楽しくて宿舎では枕投げまがいのことをしてしまいました」と振り返る。なにより、結構はしゃぎながら津山から徳山までの移動で、到着したら「ものすごく疲れました」とも話した。

試合は開幕試合で島根の大社とぶつかった。1回裏に無死2塁と先制のチャンスにバントが投手の正面をつき、3塁封殺。その後、一死1・3塁としたが、今度は併殺で、むざむざ流れを手離してしまった。直後の2回表、ショートゴロエラーに二つの野手選択、さらに捕逸に3四球で、わずか1安打で5点を献上してしまった。信じられない守備の乱れ。やはり緊張や気持ちの浮つきなど試合に入る精神集中ができなかったのかもしれない。

3回裏に1点、6回裏には2点をとり試合はつくったが、終盤にも失点をして結局9―3で敗れた。取材で感じたのは普通科校が秋の中国大会に進んだときの、代表になって大会に臨むまでの過ごし方や気持ちを整えることの重要さだ。経験のない学校の弱点だろう。それを考えると、平成の初めに大活躍した岡山城東の姿は群を抜いている。

**昭和56年秋　中国大会　一回戦**

| | | | | | |
|---|---|---|---|---|---|
| 大社 | 050 | 000 | 130 | 9 | 森井―須藤 |
| 津山 | 001 | 002 | 000 | 3 | 山本―西村 |

## B'z世代期　エースの奮闘

昭和60年（1985）に入学し、1年秋から3年夏まで主戦投手を務めた安井和則に会うことができた。取材だということで、自分の試合や思いを資料にまとめてくれ見せてくれた。そこからは、進学校のエースの喜びと苦悩がうかがえる。

普通科校のエースはコントロールが良く、辛抱して試合をつくれる選手が主戦投手になってゆく。安井もそんな選手だ。主戦投手となったのは1年生秋の県大会からだ。当時は地区予選を勝ち抜いた16校が出場していた。1回戦で朝日に10—0の6回コールド勝ち、そして、信じられない大金星、番狂わせを起こす。準々決勝で倉敷商業と対戦したが、なんと津山がホームランを含む10安打で8点をあげ、8—1、7回コールド勝ちだ。これで、ベスト4に進出した。

だが、一回戦で膝を負傷し、準決勝では後に阪神に行く真鍋のいた関西に5—1で敗れ

故障をおして投球する安井さん

た。これ以降、エース安井はケガと付き合いながら高校野球生活を送る。

2年の夏はベスト8に進出。だが、これもケガを押しての奮闘だった。左ひじを13針縫う手術をして、なんとか大会に間に合わせた。尺骨神経麻痺とみられる症状だった。

3回戦でシード校西大寺を延長11回6―3と破った。だが準々決勝では選抜ベスト4の岡山南と対戦し、8―0での敗戦。この時、岡山南にはダイエー（現ソフトバンク）で活躍する坊西がいて、二本のホームランを打たれたが、これは彼にとっての歴戦の勲章だろう。

## ＰＬ学園に練習試合で遠征

2年の夏の大会の後、安井らは夢の体験をする。当時の高校野球の最高峰にいたＰＬ学園と試合をすることになったのだ。監督が試合をラブコールし、その年ＰＬが甲子園を逃したことから実現した試合だ。

今思えば、主将でショートの立浪和義（中日）、ファーストの片岡篤史（日ハム）、宮本慎也（ヤクルト）、ピッチャーは野村弘（横浜）、橋本清（巨人）、さらに桑田真澄の弟、泉もいる超オールスター軍団だ。セカンドの尾崎晃久はＪＦＥ西日本で活躍、ＲＳＫの野球解説も務めた。言うまでもなく、翌年、昭和62年（1987）に春夏全国制覇をした、史上最強ともいわれたチームだ。

遠征する時から興奮した津山の選手たちは前夜もよく眠れずに試合をした。

練習場には清原、桑田の時代の栄光の品々が並べられていた。そして、スター選手たちが出迎えてくれて、合宿所のシャワー室などを案内するサービスぶりだった。

投手以外はベストメンバーを組んでくれた。なかなかアウトが取れず、「情けでアウトにしてもらったようなプレーもあった」と安井は振り返った。もちろん敗れたが、津山野球部の大きな財産になった。試合後、立浪選手のお母さんから、差し入れがあった。お母さんは津山高校の卒業生だったのだ。そして、中村順司監督から野球の知識を伝授された。紳士的で神様のように穏やかだったという。

## エース安井の2年秋　3年夏

昭和61年（1986）の秋、津山は地区予選を勝ち上がり、県大会1回戦で黄金期の岡山南と対戦した。安井はひじを針治療しながら試合に臨む日々だった。5番難波幸治（日ハム）などの強打線相手に試合をつくったが、9回に点を取られ4―3でサヨナラ負けした。痛みは一時的に引くものの、投げ込みが出来ず、球の切れは戻らなかった。最後はスタミナ切れだった。エースは敗戦もしっかり背負わなくてはならない、因果な役目だ。

最後の夏は、準々決勝で甲子園でベスト8となる関西に6―2で敗れた。のちに関西の監督となる江浦茂やヤクルトに進む松岡大吾がいたチームだった。

安井がエースとして対戦した相手は甲子園で活躍し、何人もの選手がプロに進んでいる。まさに、得難い経験をしたのだ。彼は今、津山市役所でスポーツにまつわる業務を行っている。

## 野球部OB会長の思い

「うちのOBは少し勝ちだすと集まって来るんだ」と笑ったのはOB会長の安東伸昭だ。「伝統校だからOBもうるさくて、ユニフォームを少しでも変えたら怒るから。帽子のマークを変えた時も大変でした」と話した。市議会議員3期をつとめ、中堅のO

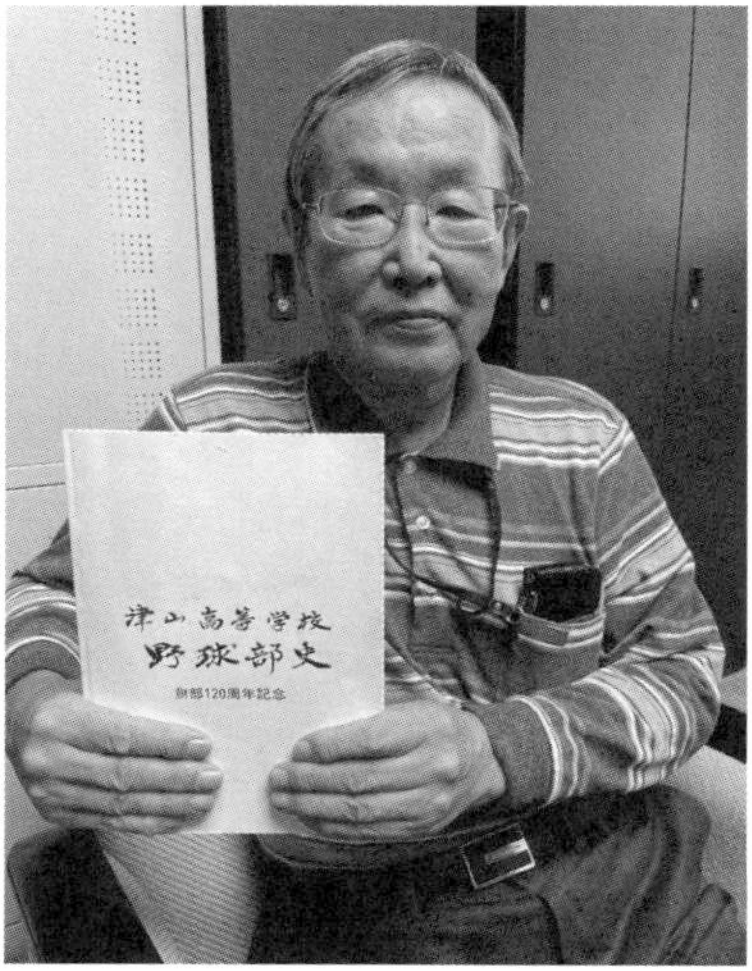

津山高校野球部OB会　安東伸昭会長

Ｂたちから慕われている。

現役時代は春の県大会で岡山南と延長17回を戦った戦歴を持つ。取材で何度も世話になった。「21世紀枠で甲子園に出られたらいいですね」とそんな思いも語った。

甲子園を目指すが、甲子園はすべてではない。そんな人間模様を感じた津山高校ＯＢたちとの出会いだった。

B'z世代

悲運のユニフォームから56年

# 岡山県立津山商業高校

甲子園出場　春選抜を辞退（昭和42年）

創　立　大正10年
創　部　昭和15年
最高成績　夏　東中国大会出場（昭和42·47年）　秋　中国大会準決勝　（昭和41年）
主な選手　西山敏明（広島）中室幹雄（巨人）福井保夫（近鉄）

【ユニフォームの概要】

昭和40年前後、強化に乗り出し、甲子園に大きく近づいた。「TSUSHO」の表記をその頃「TUSYO」と5文字にしている。字数が減り、太いゴシック体は重厚感と迫力が増した。選抜にも、そのユニフォームで臨むはずだった。だが、野球部と関係のない不祥事で辞退を余儀なくされた。甲子園用のユニフォームはその後、9年にわたって使用された。当時採用された帽子の金モールのTマークは高価で、これも長く引き継がれた。金モールは錆が来るため、当時の写真を見ると、くすんだものと輝くものが混在している。漢字で「津山商業」と表記した時代もあったが、ほとんどの時代が、幻の甲子園の魂を伝えるかのように「TUSYO」と表記している。

## 昭和42年春　幻の甲子園

津山商業野球部を語る時、やはり、この出来事から書き始めなければならない。ＯＢたちはその時のメンバーを敬意を込めて「甲子園組」と呼んでいる。60年近い年月が経っているが、当時の選手たちや近しい後輩たちからは、今も強い無念の思いが伝わってくるのだ。

幻の甲子園、簡単に言えば部員とは関係のない生徒の不祥事が明らかになり、高野連から出場辞退を迫られた事件だ。今では考えられないが、学校の品位という選抜の条件に触れたのをとがめられた形だった。甲子園組の捕手で主将だった芦田一美は「いまでもなんとかならないのか。自分たちの頑張りが無視されたようだ」と声を振り絞る。

津山市の高校野球の甲子園出場は、津山が大正時代にあと一歩と迫り、平成では作陽、津山工業が寸前で涙をのんだ。そして、昭和の津山商業の悲運。中でも津商のことを思うとやるせない。そこには、こんなドラマがあった。

## 県北から甲子園　横山部長と東谷監督

津山商業は戦前からの歴史を持つが甲子園を目指せる実力を持つようになったのは部長と監督の熱い思いが原動力だった。津山商業に赴任していた横山俊祐は、県南の高校に流れて行く県北の中学生の姿を見ていた。県南に負けないチームを作りたいと選手たちを津商に勧誘した。そして、当時の中央町の縫製工場の工場長だった元プロ野球選手の東谷夏樹を口説き、監督に就任させた。

東谷は倉敷市児島の出身で当時の琴浦商業から浪華商業に移り、控え選手として甲子園に出場している。昭和24年（１９４９）に阪急に入団、４番も打った。トンボ、東映と10年間のプロ生活を送っている。阪急時代にはパリーグで最初のサイクルヒットを記録、７２０試合に出場し、長打力のある外野手として活躍していた。琴浦の監督を務めたこともあり、県北で仕事をしていることを知った横山部長が白羽の矢を立てたのだろう。

当時の捕手で主将の芦田一美は東谷の事を懐かしそうに話した。「大きな体で、いつも早くグラウンドに来て水をまくんです。丁寧な指導で暴力をふるうなんてことはありません。

私たちは親分って仲間内で呼びました」と。東谷の優しい人柄がわかる。

ノックがとても上手く、特にキャッチャーフライは、とんでもなく高い飛球を打ち上げるので勢いが強く、胸でしっかりと取ったとも話した。バスターエンドラン、トリックプレー、ツーランスクイズなどの戦法も教えてくれた。内野300本、外野は150本、芦田はハードな練習を思い出していた。一日4時間半、合宿では9時から19時までしごかれた。

そんな練習に耐えられたのは、東谷の人柄だったのだろう。監督が勤めている被服工場で合宿をして、その時にネーム入りのズボンを作ってくれたそうだ。それから、奥さんが美人だったたと振り返った。

当時の主将　芦田一美さん

## 選抜に向けて　宇部での中国大会

中学野球の優勝投手、尾関博と芦田のバッテリーで津山商業は、昭和41年(1966)

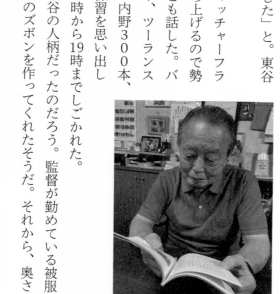

秋の県大会決勝で倉敷工業を押し切り、優勝した。倉工のエースは1年生の小山稔。のちに甲子園で春夏準決勝に進出させた、左の鉄腕投手。津商の大金星だった。そして、倉工とともに、山口県宇部市営球場での中国大会に出場した。

津山商業は一回戦で浜田（島根）に4―3、準々決勝で早鞆（山口）に1―0で勝ち、準決勝に進んだ。当時の中国地方からの選抜枠は2校、決勝に進めばそれが確実になる。そして、準決勝は尾道商業戦。4―3で競り負け、逆に倉敷工業は豊浦（山口）に3―0で勝ち、決勝に進んだ。「選抜はダメか」とナインは失意のうちに列車で津山に帰ったが、車中で横山部長が「まだ選ばれる可能性はあるから」と慰めたと伝わっている。当時、何人かの部員が食中毒となるアクシデントも起きていたという。だが、ここから津商と倉工との二転三転のドラマが始まる。

## 選抜選考会の明暗

倉敷工業は決勝で尾道商業に6―1と敗れたが、まず選抜は確実だと言われた。だが、選考会では準決勝で、優勝校に1点差で負けた津山商業が高く評価され選抜に選ばれたのだ。県北からの甲子園の実現に、地元は沸いた。その一方で、倉敷工業は「出場間違いない」

と発表前に報道用の胴上げをしたが選ばれなかったのだ。

倉工の小沢監督は無念を押し殺して小山に投球練習をさせず、冬場の走り込みを徹底的にさせて夏の捲土重来を期した。逆に津山では後援会がつくられ、他の高校も加わる応援団も結成された。左投手のいなかった津商のために津山工業が練習を助けたとも伝わっている。津山全体が津商の甲子園を喜んだが、悲劇が起きた。

本に掲載された　選抜決定に喜ぶ関係者

## 悲憤　選抜辞退

選抜を前に津山商業ナインは岡山市で1週間、甲子園に備える合宿に入っていた。だが、ある朝、芦田は横山部長、東谷監督が元気のない姿を見た。そして、津山に帰った翌日、家で母親に起こされ「大変なことになった」と告げられた。そして、学校で東谷監督が涙ながらに出場辞退を選手に伝えたのだ。学校側は部員に関係のない不祥事で辞退は出来ないと抗議したが、受け入れられなかった。出場を強行すれば、試合ができない処分が下るとのやり取りもあったようだ。アスリートファーストでない処分などは、今も時おり起きる。それにしても、硬直すぎる当時の対応ではなかっただろうか。

芦田は大人たちの事情で、自分たちの夢が消え「野球をやめたい」と思ったそうだ。部長、監督は選抜辞退の後、選手たちのために練習試合を組んだ。だが、格下の相手に負ける。脱力感が漂っていたと、芦田は語った。

## 幻の選抜へのレクイエム

平成15年（2003）に1冊の小さな本が出版された。タイトルは「涙の甲子園」サブタイトルとして、～やっと笑って話せる　昭和42年津山商業高校センバツ出場辞退～と、添えられている。著者は甲子園組のショートだった有木太一、辞退から36年後のことだ。心が癒えるのに、それだけの時間がかかったのだ。本には当時の選手や監督らの姓がポジションと共に書かれている。まるでレクイエムのように……。

横山部長先生　東谷監督　池上副部長先生
尾関（ピッチャー）芦田（キャッチャー）松下（ファースト）松久（セカンド）本松（サード）有木（ショート）中室（レフト）矢本（センター）妹尾（ライト）佐古（マネージャー）町田（マネージャー）
そして、こう結ばれている。『全員で一丸となって進み、悩み、苦しみ、春のセンバツに選ばれる。しかし不祥事により辞退。でもこの青春の記念碑に乾杯したい』

涙の甲子園　表紙

## 思いを引き継いだユニフォーム

津山商業野球部のOB会長、治郎丸真介は岡山県勝央町で野球用品を扱う運動具店を長く営んでいる。甲子園組の5年後輩にあたる。そして、彼らも甲子園を目指し、最終関門、東中国大会に進出している。津山商業にユニフォームを納入する津山市の運動具店で修業していたので、当時の事を詳しく話してくれた。

昭和42年（1967）春、選抜が決まり、甲子園用のユニフォームが新調された。後援会の寄付で作られたものだ。甲子園で着用されることのなかったユニフォームは、その後、9年間も後輩たちに引き継がれた。

傷んだものは随時、変えられたが、先輩たちの無念を晴らそうとした意気込みは長い間、伝えられたのだ。帽子は傷みやすく、新調されたが、金モール刺繍で作られたマークは高価なもので、代々、引き継がれていった。治郎丸たちの世代の記念写真を見ると帽子のマークの色が、それぞれ違うことがわかる。金モールはサビが来るため、使用の状況によって色合いが変わるのだ。道具を入れるバッグは「甲子園出場記念」とプリントされたものが何年も使われた。

## 昭和47年　夏の甲子園を目指して

治郎丸たちが3年の夏、昭和47年（1972）。津山商業は倉敷青陵、山陽、作陽、岡山東商を破り、東中国大会に出場した。因縁だろうか、岡山代表として臨んだのは津商と倉工だった。幻の甲子園から5年、津山の新聞社は出場選手を写真入りで掲載している。ポジション、出身中学、居住地までを記している。おらが町の選手を甲子園に行かせたいとの思いが伝わる記事だ。初戦で津山商業は米子工業と対戦した。甲子園組が再起を期し、最後の夏、東中国大会で挑み敗れた、これまた因縁の相手だ。

津山商業は立ち上がりのピンチを珍しいトリプルプレーで切り抜け、波に乗るかと思われたが、相手投手、大下の下手から繰り出すホップするような球に苦しんだ。そして、外角のカーブで揺さぶられた。1点をリードされた5回裏、二死満塁からのヒットで同点にした。だが、続く満塁のチャンスに凡打し、流れをつかめなかった。津商は盗塁、バントを決めてくる米子工業の機動力にしてやられた。2安打に抑えられ、夢は消えた。

倉敷工業も鳥取西に延長16回の激戦の末、敗れ去った。

甲子園組のユニフォームを受け継いだナイン

**昭和47年夏　東中国大会　一回戦**

| | | | | | |
|---|---|---|---|---|---|
| 米子工業 | 010 | 001 | 001 | 3 | 大下—天場 |
| 津山商業 | 000 | 010 | 000 | 1 | 竹中—番場 |

津山商業のユニフォームは、治郎丸が営むスポーツショップムサシが手掛けている。一時、漢字のユニフォームとなったが、今は、また往時を思わせる姿になった。太いゴシック体でTUSYOと五文字で記された姿は、重厚で風格を感じさせる。ユニフォームには、連綿と続く高校野球の汗と涙の記憶が宿る。津山商業のユニフォームは、それを一番知っている。

県北から甲子園を目指した青年監督

# 岡山県立津山工業高校

**創　　立**　昭和16年
**創　　部**　昭和21年
**最高成績**　夏　県大会準優勝(平成5·9年)　秋　中国大会2回戦(平成4年)
**主な選手**　高橋信二(日本ハム)美甘将弘(ヤマハ)

**【ユニフォームの概要】**

当時の監督が「県北から甲子園を」の願いを込めた一着。美術教諭と共に考案し、縦書の漢字「津工」から、「TSUYAMA」とオリジナルのローマ字書体に変えた。やや太くふくらんだSの形が独特だ。選手に誇りを持たせるため、早稲田、明治、中京大中京高など伝統校に多い襟付きを採用した。紺色のストッキングに加えた足元のエンジの配色は監督が広島の広陵に許可を取って採用し、足元を引き締めている。

## 県北チーム、青年監督とともに成長

津山工業は昭和59年（1984）に赴任した青年監督、赤木恭吾に鍛えられ強豪となってゆくのだが、毎年春に行われていたことがある。やまびこ打線で知られた、徳島の池田高校への遠征試合だ。

赤木の赴任した当時、津山工業の部員は10人程度。「甲子園を目指す」と話せば、「こんな田舎からは無理ですよ」の答えが返ってくる野球部だった。どうすれば強いチームにできるのか。就任間もない新米監督は、落合町（当時）で開かれた蔦監督の講演会で面会の機会を得た。当時の池田は、夏春連覇した全盛期。赤木は、「どうすれば甲子園に行くことができますか」と時の人となっていた大監督に尋ねた。

「あんたも、20年やったら甲子園に行ける。ワシも、20年かかったんや」、そんな言葉を赤木は覚えている。津工が強くなれば、練習試合をす

津山工業元監督　赤木恭吾さん

ることも約束してくれた。毎年2月、一人で池田に行き、練習方法を学んだ。さらに、高知でキャンプするプロ野球チームも視察し、最新の練習方法等をビデオに収めることも続けた。そして、赴任から6年目の平成2年（1990）選手たちを池田との練習試合に連れて行くまでに成長させたのだ。

「池田の町を見てみろ。こんな小さい町の学校が甲子園で優勝しとる。津山は池田よりだいぶ大きいぞ。おまえたちも、絶対に甲子園に行ける」以来、赤木は遠征ごとに、この言葉を選手たちに投げかけた。

赤木は岡山大学工学部に進み、民間企業に就職してから高校教員になった。大学時代には、全日本大学野球選手権に出場。就職してからは、臨時コーチとして母校の西大寺を指導していた。その指導ぶりに目をとめた高野連幹部が、教員になることを勧め、県立高校の教員に採用されたのだ。津山工業に赴任したのは、25歳の春だった。

## 作州の期待を背負う

岡山県北、津山から甲子園へ出ることは、作州の悲願だった。津山商業が昭和42年の選抜に選ばれたが、一般生徒の不祥事で幻に終わっている。戦前、大正時代の津山、平成3年の作陽は、それぞれ最後の壁を破れず涙をのんだ。南厚北薄と言われる岡山県、甲子園出場は県北地域の大きな夢だった。赤木は、その思いを後に一身に背負うことになる。

部員たちが持つ県南名門校へのコンプレックスを無くするため、社会人野球チームから練習メニューを教えてもらうこともした。甲子園経験者からも、「この練習メニューなら甲子園に行ける。君たちの夢は叶う」そんな声も掛けてもらった。

ユニフォームは襟付きを採用した。大学では早稲田、明治、高校では中京に代表される形だ。「名門校と同じタイプのものを着ている」、ユニフォームに誇りを持てという強いメッセージだった。胸の「TSUYAMA」のマークは、当時の部長だった美術教諭と作り出したオリジナル。ストッキングは広陵に倣って、紺色の下にエンジを加えた。襟の高さは汗を吸っても気にならぬよう、やや短く改良した。そんな修正を繰り返して仕上げたのだ。

県北から県南の有力校に選手が流れていく中、赤木は県北の有望な選手に声を掛け甲子園を目指した。ウエイトトレーニングで筋力アップし、バントや走塁にも力を入れた。試合の前にはデータを細かく分析し、投手の配球に工夫を凝らす。打者ごとに、内外野の守備位置を変える。ヒット性の当たりをアウトにすることで得点を防ぐ。思いつく限りの手立てで、赤木は県南の名門校を打ち破ろうとしたのだ。

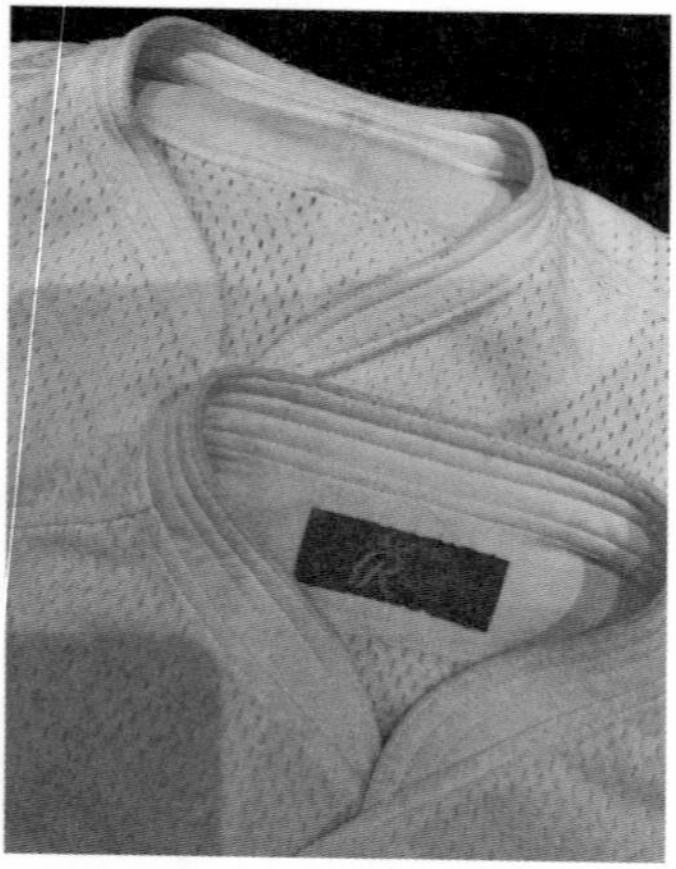
襟を短くしたユニフォーム

## 甲子園目前　最後の難関

赤木や関係者の努力は実り、監督就任から9年目の平成5年（1993）ついに夏の岡山大会の決勝戦に駒を進めた。相手は広島に入団する山根雅仁がエースの岡山南。最終にして最大の難関だった。下馬評は岡山南の勝利を予想する声が多かったが、選手たちは山根の立ち上がりをとらえて、3回表までに2—0とリードを奪った。

緊張しながらも赤木は、勝てると信じて指揮をとっていた。準々決勝では、春の選抜出場校、強打の関西に対して、守備位置を細かく動かすことで、捉えた打球がことごとく守備陣の正面を突き、無失点に抑えていた。南打線の対策もできていたのだ。

## 作州が期待した甲子園

この試合、県北初の甲子園出場なるかも、大きな焦点になった。私たちの会社を含む報道陣も当然、そこに注目していた。高校野球情報に強い女子社員が、当時のことを覚えていた。「津工のベンチに分厚い、激励電報の束が置いてあって、試合前の取材で監督は、すごく緊張しているなって思いました」

津山支社の記者は、津山の通りから人が消えたと報告してきた。県北の悲願の瞬間を見ようと、多くの人

津山工業―岡山南　前半2点をとってリード

がＴＶにかじりついていたのだ。

強敵を相手に2―0とリード、前半最後の3回裏。この回を抑えれば、「主導権を取ったまま、試合を優位に運べる」、津山工業にとって理想の展開になっていた。しかし、知らず知らずに小さな誤算が生まれていた。引っ張るバッターが多かった準々決勝の関西戦の影響で、決勝でも左打者に対する外野守備がライト側に寄り気味になっていたのだ。

## 勝負の分かれ目　３回裏

この試合、ポイントとなったのが3回裏だ。ランナーを置いて、岡山南の小柄な左打者、2番の甲矢健二郎がバッターボックスに入った。赤木は、相手ベンチの動きなどに気を配り、選手に守備位置の変更を指示していたが、それが、わずかに遅れた。

「レフト、ラインに寄れ！」両腕を挙げてジェスチャーで伝えようとした瞬間、ボールが投じられた。バッターが放った打球は、無常にもレフト線に近い場所に落ちた。甲矢は、レフト線に流し打つことが多い選手だとわかっていた。痛恨の指示の遅れ。1点を与えただけだが、打力のある岡山南は、この一打で息を吹き返し、地力を出し始める。4回、5回にも得点を重ねた。

スコアブックを振り返ると、津山工業が流れを失いながらも、必死の防戦をしていたことがわかる。終盤には先発の竹内に代えて、2年生の反橋、さらに、前年秋の中国大会出場時の主戦織田を登板させるなど、必死のリリーフ態勢で何とか失点を食い止めている。

15安打（長打5本を含む）を浴びたが5失点にとどめたのだ。打者では1番の古川が気迫で2本の二塁打。わずか4安打ながら、好投手山根から2点を奪う奮戦。

それは、県北の意地だった。しかし、その粘りもむなしく悲願は遠のいたのだ。

甲矢の一打はレフト線のヒットに

**平成5年夏　岡山大会　決勝**

| | | | | | |
|---|---|---|---|---|---|
| 津山工業 | 101 | 000 | 000 | 2 | 竹内・反橋・織田―池田 |
| 岡山南 | 001 | 220 | 00× | 5 | 山根―松島 |

## 平成9年夏　岡山大会　決勝

無念の決勝戦から4年、平成9年（1997）に、津山工業は再び、夏の岡山大会で決勝に進出する。この時のことを、赤木はしみじみと話した。

「事故で左手首から先を失った奥君という部員がいてね。彼が他の部員たちと同じ練習を、ずっと頑張ったんですよ。彼の頑張りに引っ張られてみんな力を付けてね」

「準決勝では選抜出場の岡山南を逆転サヨナラで倒し、甲子園の一歩手前まで行けました」

「大したことのないチームでもここまで頑張れるんだという高校野球のお手本のようなチームだったと思います」、赤木にとって教師冥利に尽きるシーズンだったかもしれない。

決勝は力尽きたが、高校野球の魅力はこうした無垢な姿にある。

岡山南に勝ち決勝進出

**平成９年夏　岡山県大会　決勝**

| | | | | | |
|---|---|---|---|---|---|
| 倉敷商 | 323 | 000 | 026 | 16 | 吉田―若林 |
| 津山工 | 030 | 010 | 000 | 4 | 藤田・岩本・鳥取―守屋・岸本 |

赤木の在任は20年。津山工業は夏の県大会で7度準々決勝に進んでいる。そのうち、6度勝利している。実力校がひしめく8強で、この成績を収めることができたのは、地道な取り組みを続けた監督と部員たちの精進の賜物だろう。

当時の津山工業は、部員たちが投票でベンチ入りメンバーを決めていた。そして、最後のメンバー18番目は「人間枠」として、野球の技量ではなく人柄で選ばれていた。赤木監督、最後の年の18番はレギュラーではない主将、長恒泰裕だ。彼は野球部の卒業生が思い出を寄せる記念誌に、こんなことを書いている。

「秋も春も初戦敗退。先生に、ずっと怒られるキャプテンだった。僕は、ベンチ入りしてもいいのかどうかを、みんなで真剣に話し合うほどだった。そんな出来事があっ

津山工業がつくっていた記念誌

て、ベンチに入れない部員たちのために頑張ろうと思った。こんな僕に、ついてきてくれて、ありがとう」

ケガで選手をあきらめ、チームのために尽くした主将。涙が出るような文章だ。背番号18の主将は、卒業後、酪農大学校に進み、アメリカに留学。今、家業の牧場を継ぎ蒜山で戦っている。

## 県北の見果てぬ夢

監督をやめ、赤木は教育委員会に転出。工業高校の教頭、副校長、校長を歴任した。今は岡山大学教職大学院で学校経営などの経験を教えている。教員としての栄達は果たしたが、やはり、野球での無念は消えないのだろうか。

筆者は赤木元監督とは、同い年で旧知の仲だ。同じ時代に生きたものとして、心から敬意を払う人物でもある。取材の最後、赤木は大きく息をつき「甲子園は遠かったです。あと一勝の壁を破れませんでした」とつぶやいた。

津山、津山商、作陽、そして、津山工業。甲子園に限りなく迫った男の言葉は、見果てぬ県北の夢の重さ、そのものだった。

名投手を生み出した県北の輝き

# 岡山県立勝山高校

**創　　立**　明治44年
**創　　部**　昭和21年
**最高成績**　春　中国大会準優勝（昭和46年）
　　　　　　夏　県大会準決勝（昭和45年・平成３年）
**主な選手**　山根和夫（広島）

**【ユニフォームの概要】**

創部以来、数少ない県北のチームの中で存在感を見せてきた。「KATSUYAMA」「KATSUKO」と表記した胸マークを付けている。春の県大会で優勝した昭和46年には、直後の中国大会への出場に際し、ユニフォームが新調され、左胸に「K」袖に黒地に「勝山」とかかれたワッペンを付けた姿で臨み、見事に決勝進出。名門広島商業と戦っている。山根和夫（広島）や山根の実兄で都市対抗に20年連続で出場した山根（鈴木）政明ら名選手を輩出している。

## 県北で存在感を示す勝高

真庭市勝山は出雲街道沿いの宿場町、そして城下町としても栄えた。古くは高瀬舟による物資の集散地で、白壁の古い建物の残る家並みは小京都と呼ぶにふさわしい。今では、草木染の「のれんの街」として有名になった。そんな街で存在感を示してきたのが、勝山高校野球部だ。夏の岡山大会で2度の準決勝進出を果たしている。

春の県大会では優勝もしている。近年では、春の選抜の21世紀枠の岡山県の推薦校となるなど、その伝統は今も続いている。

勝山が最も輝いたのが昭和45年（1970）から46年にかけての活躍だ。当時の主将で長く野球部OB会の会長をつとめた佐野哲夫が話してくれた。それは、幻の甲子園と呼ばれた津山商業の選抜辞退と繋がっている。

## 横山部長の赴任と野球部強化

勝山の活躍の力となったのが津山商業から転勤してきた横山俊祐部長の存在だ。横山は昭和30年代の後半から津山商業の野球部の強化に力を尽くし、昭和42年（1967）春の選抜に選ばれる影の立て役者だった。県南に流れてゆく有力選手を地元に残し、元プロ野球選手だった監督にするなど「県北から甲子園へ」に尽力した。だが、野球部とは関係のない生徒の不祥事で辞退を余儀なくされていた。

翌年、傷心の横山は勝山高校に赴任したが、ここでも、その思いを貫いて行く。横山は勝山生まれ、今度は故郷で、勝山高校のOBたちと協力し、同じように生徒を集め、監督を探し、夢を追った。佐野は、そんな中で入部している。

南厚北薄と古くから言われるように、岡山県北は人口も少なく、ともすれば活気が生まれない土地柄でもある。横山の思いは当時の中心スポーツ、野球に活路を見ていた。地元に密着している高校野球が強くなることで、地域に活力と元気をもたらそうとしていたのだ。

## 2年生バッテリー　昭和45年の躍進

野球の強化が始められて2年たった昭和45年（1970）夏、勝山は投手丸山宏之―捕手佐野哲史の2年生バッテリーで勝ち上がっていった。3年生は4人、横山たちが集めた

2年生が主力だった。丸山はのちに駒沢大学、佐野は東京農大に進み奮闘している。勝山は丸山を中心とした守りの野球。長打を打てる選手は余りおらず、少ないチャンスを確実にスコアリングポジションに送り、単打で得点して守り勝つ、当時主体だったオーソドックスなチームだ。金光、玉島商業、備前を下し準決勝進出。選手たちは夢だと思っていた甲子園を意識するようになった。

そして、秋の県大会では決勝で倉敷工業に敗れたものの準優勝し、中国大会に進んだ。一回戦で当時の強豪島根の太田に小差で敗れたが、ワンステップ上の経験も積むことができた。

丸山は落合中、佐野は湯原中、主将近藤、中島、浅野は久世中、大坂は勝山中、柴田は落合の有隣中（閉校）、坂本は落合の立誠中（閉校）だった。もちろん、県南の強豪校に進んだ選手も多かったが、当時の真庭郡選抜の様相でもあった。ただし、練習時間は2時間ほど、姫新線での列車通学が多くて本数は少ない。午後7時前の列車を逃すと極端に帰るのが遅い時間になるので、大変だった。時間を気にしながらの練習でもあった。冬場は雪が降ることも多く、極寒の中での体力作りがメインだった。そんな、県北の厳しい練習環境の中で選手たちは力をつけていった。

## 昭和46年　春の県大会で優勝

当時、勝山高校は県北ならではの強化策をとっていた。岡山県内の大会で他校に手の内を見せないよう、鳥取の強豪校、倉吉北、八頭などと練習試合をするのだ。岡山の高校とはほとんど対戦しなかった。そして、丸山―佐野のバッテリーが3年になった春、のちにプロ野球で活躍する山根和夫が入部してくる。

山根は双子の兄で、弟の卓夫も一緒だった。山根たちはともに投手となり、佐野たちが卒業して後に活躍する。もちろん、高いチーム力で活躍したが夏の大会では2年の時は岡山東商、3年の時は倉敷工業にいずれも1点差で敗れている。

話を佐野たちが3年の昭和46年（1971）春に戻そう。県大会で岡山日大（現倉敷）、笠岡商業に勝ち決勝で関西と対戦した。

勝山―関西の決勝戦　捕手は佐野さん

決勝は倉敷市営球場で行われたが初回に1点を先取した勝山が丸山の好投で1―0で勝利した。いわゆる、スミ一、1回表の1点を守り切って勝つという野球俗語だ。何度もピンチを迎えたが、しっかりとした守りで勝ち切っている。それを示す本塁封殺の写真が残っていた。捕手は佐野、思い出の一枚だ。そして、春の中国大会に臨んだ。この時、ユニフォームが新調された。学校や町の喜びがわかる。左胸に大きなK、袖には黒地に白で「勝山」、正に晴れ舞台に挑む、いで立ちだった。

## 中国大会で決勝戦進出

甲子園には直接つながらない大会ではあるが、春の中国大会は夏の大会に向けた腕だめしになる。初戦で鳥取商業に4―2、準決勝で浜田（島根）に2―0、ともに甲子園出場経験の高校を下した。そして、決勝は名門広島商業と対戦することにな

新調されたユニフォームでの記念写真

った。「ボロボロにやられました」と佐野が語ったように8―0での敗戦だった。だが、選手たちは自信をつけたことだろう。

昭和46年当時は夏の県大会で準決勝に進んだ2チームが、鳥取勢との東中国大会で2試合を勝ち抜かねば甲子園に行けない厳しい時代だった。岡山大会での下馬評はライトと吉田の投手陣が充実していた岡山東商、倉敷商業、勝山、倉敷工業が有力だとみられていた。勝山は春の大会の優勝で第二シード、二回戦からの登場だ。同じ県北の作陽が勝ち上がり、勝山は初戦に臨んだ。

岡山球場がナイター改修のため使えなかった。雨天が続き、試合会場がコロコロと変わり、総社のグラウンドで試合が行われた。一戦を経て戦うチームと、これが初戦のチームの戦いでよくあるケース、シード校が苦しい試合を強いられる。試合勘の問題だったのか、勝山も苦戦した。そして、4―2で作陽に敗れる。

以前から苦手だった県北勢に苦杯をなめた。佐野たちにとって、あっけない高校生活最後の大会だった。無念の夏だったが、佐野たちの活躍は勝山野球部の歴史に大きな一ページを残した。そして、それはのちに大きな記念試合につながる。

補足すれば、この年、東中国大会に進出したのは岡山東商と勝山を破った作陽だった。甲子園には岡山東商が出場を決めて、ベスト4に進む活躍を見せた。

秋の国体では東商が優勝し、岡山のレベルが非常に高かった年でもあった。佐野たちの力も全国レベルであったことは間違いがない。

## 学校創立百周年　広島商業と記念試合

平成23年（2011）勝山高校は創立百周年を迎えた。そこで、記念試合が企画された。佐野の後輩、山根和夫が広島カープで大活躍した。そして、40年前の春の中国大会が再現された。広島商業野球部と山根と広島でバッテリーを組んでいた広島商業OBの達川光男を招いたのだ。前夜祭では達川を佐野の住む湯原の温泉街でもてなした。豪華な料理を前に達川はご満悦だった。山根と一緒だったこともあるだろうが、湯原の夜を満喫したようだ。

真庭市のやまびこスタジアムで雨の降る中、記念試合は行われた。佐野は勝山高校野球部OB会長として「力いっ

左から山根、達川、佐野

ぱい野球ができることに感謝して、それぞれの目標に頑張って欲しい」とあいさつした。山根―達川の往年のバッテリーが始球式をし、まさに、百周年を飾るにふさわしい催しになった。

招かれた達川は前日に続いて笑顔で観戦していたが、だんだん不機嫌になっていった。何か不手際があったと思われるだろうが、その原因は試合の内容だった。なんと、春1回、夏6回の全国優勝を誇る名門が6―4で逆転負けをしたのだ。親善試合とはいえ、全国優勝の経験者達川にとっては耐えられなかったのだろう。佐野は話した。「2時間ほど現役選手にお説教したらしいですよ」と笑った。名捕手にして迷捕手の達川らしい、そして、いつまでも語られるであろうエピソードとなった。

記念試合の集合写真

佐野は話した。「県の高野連推薦で2度も21世紀枠の候補になりました。誇らしいです」と。甲子園は目指すが、それだけが高校野球ではない。勝山高校はコツコツと伝統を守っている。笑顔で話す佐野の言葉は、それを強く強く感じさせてくれた。

県北で奮闘した佐野たちの思い出は、必ず後輩たちの未来につながってゆく。

# 7

# 書き残したい二つの高校の物語

千鳥を産んだ野球部　忘れざる試合

# 岡山県立笠岡商業高校

**創　　立**　明治35年
**創　　部**　明治42年
**最高成績**　春　県大会決勝（昭和30年）　夏　東中国大会決勝（昭和32年）
　　　　　　秋　県大会優勝（昭和27年）
**主な選手**　滝照清正（大洋）

**【ユニフォームの概要】**

笠岡商業は岡山東商に続き、岡山県下で2番目に創立された商業高校で野球部も明治時代に創部されている。笠岡は明治初期には一時、笠岡と福山地域をあわせた小田県となり、県庁所在地が置かれるなど地域の中心地だった。野球もそんな中で育まれ、岡山県西部地区の名門であった。
笠岡市の硬式高校野球チームは、かつて笠岡商業（笠岡商工）しかなく胸のマークは「KASAOKA」と長く表記されていた。その後、分離独立した笠岡工業が昭和41年から硬式野球部が公式戦に出場するようになった。それと区別するためか、一定期間を置いて「KASASHO」へと変更している。

# 岡山県西部の名門　笠岡商業

笠岡商業の野球部が創部された明治42年（1909）には、岡山県には岡山一中（朝日）、関西中（関西）、金川中（御津）、津山中（津山）の四校にしか野球部はなかった。このため、笠商は広島県東部の中学との練習試合で力をつけていった。

古い歴史をもつ笠岡商業が野球で存在を高めたのは戦後に入ってで、昭和28年（1953）から32年（1957）の5年間に夏の県大会で4度準決勝に進み、昭和32年には東中国大会で決勝に進出している。そのことは、のちに記してみたい。

昭和27年（1952）の秋には、県大会で優勝し、選抜につながる中国大会に進んでいるが、広島の呉三津田に2―0で敗れている。

活躍が目立つのは夏の県大会の前哨戦でシード権を争う八校選抜（平成12年に廃止）で、昭和53年（1978）54年（1979）には、ともに決勝に進み、53年は夏の甲子園でベスト4に進出した岡山東商に4―3、翌54年も甲子園に出場した倉敷商業に2―1と接戦の末に敗れている。この時のエースが小寺弘士で、2年、3年でともに力投している。現在岡山県高校OB野球連盟の副会長を務めているが、会長は2年時に敗れた東商の綾野富夫で、時を経て同じ組織で高校野球の親睦と発展にかかわっているのが面白い。

## 遠い記憶　昭和32年夏　東中国大会

かつて岡山勢が夏の甲子園に行くための最終関門が東中国大会だった。昭和32年は岡山・鳥取・島根の3県で1校しか甲子園に行けなかった。この年は岡山からは準決勝に進んだ4校と鳥取・島根から2校ずつの8校がトーナメントで大舞台への切符を争っている。県大会では決勝戦までが行われて、笠岡商工（当時）は岡山東商に負けているが、東中国大会では大社（島根）2―0、倉敷工業2―1と連破して決勝に勝ち上がっている。今の秋の中国大会の方式で、一度負けても次の大会で踏ん張れば大舞台への道が開けるシステムだ。この年は、倉敷市営球場が会場になっている。

当時の新聞を見ると「番狂わせに次ぐ番狂わせ」と報じている。岡山東商と倉敷工業が本命、対抗と見られていたが、岡山東商は松江商業に、倉敷工業は笠岡商工に敗れたからだ。このころの高校野球人気を表すのが、結果や経過を知らせるために臨時の公衆電話が設置されていたことだろう。テレビ中継はなく、ラジオでの放送はあったが、スマホはおろか、家庭には電話さえ、あまり普及していない時代だ。行列が出来るほどの人気ぶりだと記事になっている。

倉敷工業に勝利し、決勝に進んだ笠岡商工の滝照監督は、うれしさで涙を流していたと書かれている。この時、活躍したのがエースの山本投手だった。169センチ、65キロ、インシュートとカーブで打者を打ち取っていた。倉敷工業戦では4安打に封じ、決勝進出の立て役者だった。

応援団に規制が少ない時代で、決勝戦の笠岡商工のスタンドの描写が興味をそそる。「南無妙法蓮華経」と書かれたのぼりがたち、進軍ラッパを吹く人がいた。若い女性4人組がルージュの唇を開いて選手に声をかけたり、高校生応援団は「お手々つないで」の替え歌で「歌を歌えばホームラン」と応援をしている。現代では見られないカオスな空気が伝わってくる。

試合は笠岡商工が2回裏に2点を先制、松江商業が5回表に同点とする。勝負の行方は終盤にもつれ込み、5—3と笠商がリードされて最終回を迎えた。9回裏二死から三

笠岡商工 惜しくも涙の
東中国代表に松江商
昭和32

笠岡商工の無念を伝える記念誌のページ

塁打とエラーで1点差とし、なおも同点のランナーを置いていたが最後は三塁ゴロで甲子園への夢が消えた。

## 昭和53年　54年　小寺投手の力投

笠岡商業は昭和50年代に入って笠岡市の有力な中学生を集めて強化に乗り出し、3年計画で甲子園を目指した。その年代は、先に書いた小寺弘士の世代だ。1学年で30人の選手が集まった。だが厳しい練習で最後は9人しか残らなかった。

小寺はやめて欲しくない選手もやめたことを残念がっていた。

笠商を甲子園一歩手前まで導いた元監督、滝照は1年だがプロ野球の大洋に所属していた。その滝照が小寺に、2種類のスライダーを教えた。一つは指に引っかけるようにして投げる大きく曲げる球で、もう一つは指の腹でこするようにして投げる小さく曲がる球だった。小寺は3年時には夏の甲子園出場を強く意識していた。夏の県大会前哨戦の八校選抜では、変化球を隠して投球していたが、倉敷商業との決勝で8回までノーヒットに抑える好投を

**昭和32年夏　東中国大会　決勝**

| | | | | | |
|---|---|---|---|---|---|
| 松江商業 | 000 | 020 | 021 | 5 | 中林－秦 |
| 笠岡商工 | 020 | 000 | 011 | 4 | 山本－斎藤 |

見せた。1点リードで迎えた最終回にセカンドゴロエラーとレフトが目測を誤り得点を許した。そして、最後は一塁ゴロがイレギュラーして敗れ、準優勝に終わっている。

好投手小寺は2年の夏はシード校だったが初戦の二回戦で琴浦に3―1で敗れた。3年の夏もシード校として二回戦から戦い、津山、川崎医大付に勝ち、準々決勝に進んだ。対戦相手は山陽で試合は押しに押していたが、3度もスクイズを失敗するまずい攻めがたたった。終盤、1点ビハインドで無死満塁と逆転の絶好のチャンスをつかんだ。スクイズの失敗が続いていて、強攻したが一塁ファウルフライで一死満塁と変わる。ここで、4度目の正直のスクイズをしたが、ピッチャー前にころがり投手、捕手、一塁手にボールが回り、1―2―3の併殺、小寺の夏は終わった。

「大舞台になるとチームの力が出せなくて」と苦笑いをした。

小寺投手

## 横山啓之の思い出　大悟世代の青春

笠岡商業は昭和20年代から50年代にかけて好成績をのこし、その影響で平成に入っても厳しい練習が行われていた。平成10年（1998）3月に卒業した横山啓之は父親も笠商野球部で笠商魂を宿している。1年生の夏の大会、二回戦に進みスタンドで応援していた。強豪の岡山理大附属にリードしている時に雨が降り、試合は中断した。再開後、逆転されると、また雨が降り出し試合は雨天コールドが成立して敗れた。「試合できるのに、なんでだ」と今も思っていると言う。

2年の夏はレギュラー選手で出場、当時、県北の雄として甲子園を狙えるチームだった津山工業に10―0と敗退している。

横山は「練習時間は長くて、終わるのが夜の10時ぐらいが当たり前でした。かたづけをして家に帰ると深夜で、本当に厳しかったです。正月の三が日以外は全て練習でした」と当時を思い出してくれた。

そんな彼を支えたのが、やはり同学年のチームメイトだった。その中に、山本大悟がいた。北木島出身でお姉さんと一緒に笠岡の街中で暮らし、厳しい練習に明け暮れていたのだ。今、お笑い界のトップランナーとして大活躍の千鳥の大悟だ。横山は「彼は不器用だけど一生懸命で、チームのムードメーカーとして皆の気持ちを盛り上げてくれました」としみじみ話した。大悟は3年生になってショートのレギュラーとなる努力家だった。

横山は「練習がたまに午後9時前に終わることがあって、その時に9時までやっている中華料理屋に彼と一緒に行ったんです。親父が店を閉めようと思っているので面倒くさそうにするんですけどね」と話した。それは、練習に明け暮れた生活の中でのオアシスだったのだろう。

夏休みは朝から夕方まで練習が続く、地獄の日々。朝、部室に行っても、皆が憂うつなのか誰もしゃべらなかったそうだ。練習が終わると、帰る方向が同じで、横山にとって大悟は長い時間を共有したかけがえのない仲間だった。

横山選手（左）と山本選手（右）

## 横山と大悟　最後の夏

平成9年（1997）の夏、二人はチームメイトとともに最後の夏を迎えた。一回戦は玉野との対戦だった。この試合、笠岡商業が1回表に2点を先制したが、玉野は1回から4回まで毎回得点で7回終了時点で7―2と大きくリードした。この試合、笠商の守備が乱れ失点が重なり、大悟も2つのエラーを記録している。横山は「よくテレビで最後の試合、4つエラーしたと話してますけど、あれは話を盛ってますね」と笑った。

厳しい練習を重ねた笠商ナインにとって、簡単に負けるわけにいかなかった。8回表に1点を追加し、3点差に追い上げる。9回表にも追撃する。1番、2番が出塁して無死1・2塁からワイルドピッチで2・3塁とチャンスが広がった。ここで3番横山がタイムリーヒットで2点を返し1点差に迫った。4番、期待のエース藤井はいい当たりだったがセンターライナーで一死1塁。続く5番の貝原がヒットして一死1・2塁と逆転のランナーを出した。6番は山本、大悟の出番だ。

ここで同点打を放てば爆笑、長打を放てば逆転で、大爆笑だったが……。

結果を言うと、セオリー通りに右方向に打ち返し、セカンドゴロでランナーを送り、二死2・3塁と渋い打撃でチャンスを広げたのだ。だが、7番の北村はピッチャーゴロで万事休す。厳しい練習を続けた横山と大悟の高校野球が終わった。

この時の監督は西山正宏、今、笠岡商業の校長になっている。校長に就任した時、横山たちも参加してお祝いの会が開かれた。のちに部長として西山とコンビになる西広成（玉島商→早稲田）の退職記念も兼ねていたそうだ。西山は監督の初期の頃、つまり横山や大悟たちを指導していた時に、OBたちから教えられてきた長時間の練習を課していたが、疑問も持ちながらの指導だったと話したと言う。部長の西から「もっと気持ちを楽にして指導すれば」とのアドバイスで練習方法が変わっていったと説明した。その後、笠岡商業は夏の大会で準々決勝に進むなど、成績が上向いたから余計にそのことが気になっていたのだろう。横山には「すまなかった」とあやまったそうだ。厳しい時を経て生まれた師弟のつながりが、そこに見えた。

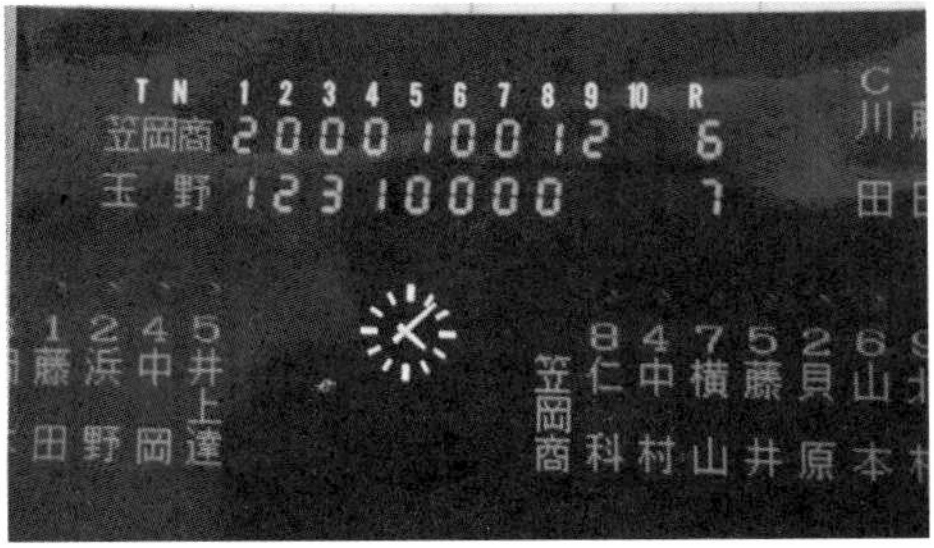

笠岡商業―玉野のスコアボード

笠岡商業野球部、平成10年3月卒業の山本大悟の試合や練習での写真を見ると、実にまじめで、真剣だ。それこそが、芸能界で頭角を現した大きな理由なのだと思える。

笠岡商野球部と千鳥のさらなる発展を心から願う。

練習中の大悟さん

9人で臨んだ最後の夏

# 岡山県立琴浦高校

※倉敷鷲羽高校に統合閉校

**創　　立**　昭和11年
**創　　部**　昭和21年
**最高成績**　春　県大会優勝（昭和27年）　夏　東中国大会進出（昭和27年）
**主な選手**　三宅秀史（阪神）ほか

**【ユニフォームの概要】**

琴浦高校は昭和24年（1949）に児島高校の統合で南海高校となった。昭和28年（1953）に再分離して再び琴浦の校名に戻っている。平成19年（2007）3月に統合で、その名前は消えた。

琴浦野球部の最後の数年には関西高校のユニフォームを模したものやグレー地に漢字で「琴浦」と表記されたものが使われた。最後のユニフォームはブルーを使ったもので、高台のグラウンドから見える瀬戸内海をイメージしたものだった。また、当時、大リーグで活躍していたイチロー所属の「シアトルマリナーズ」も意識したものと伝わっている。

## 琴浦高校　最後の夏

早稲田実業の斎藤佑樹、駒大苫小牧の田中将大が延長15回引き分け再試合の激闘を繰り広げた平成18年（2006）夏。岡山の高校野球では、まるで映画のような物語があった。倉敷市児島にある琴浦高校は人口減少などで、翌年3月に統合されることになり、閉校が決まっていた。

児島の東部に位置する琴浦は、かつて繊維産業で潤った。昭和27年（1952）夏には野球部も県下の強豪になり（当時の校名は南海高校）、甲子園にもあと少しと迫った。その時のOB三宅秀史は阪神に入団し、名三塁手として活躍した。吉田義男との三遊間は鉄壁と呼ばれ、現阪神監督の岡田彰布の憧れの選手だった。

## たった9人の野球部

前年の夏、二回戦でコールド負けした、9人の部員は決断を迫られた。閉校に向け新入生は入ってこない。つまり、1年間を9人で戦い抜かないといけなかったのだ。そこで、当時の監督藤井孝正は選手たちに聞いた。単独で翌年の大会に臨むか、児島・倉敷鷲羽と合同チームを編成するかだ。主将の井上太ら9人の結論は全員一致、琴浦単独で最後の1年を貫くことだった。

9人はナインそのものといえば聞こえはいいが、選手たちはそれぞれに故障もあり、1人でも欠ければ試合さえできない。リスクを抱えながらの船出だ。

少人数でグラウンド整備や練習の準備だけで30分、練習終わりの片づけはボールの数のチェックなども入れると、1時間かかることも意味する。練習以外の時間が長くなり、部活が終わるのは午後9時だ。

バッティング練習ではボールを打ちっぱなしにして、全員で集めては打ち、それを繰り返す。ランナーを付けての実戦形式のノックも出来ず、基本練習を地道に続けた。それぞれにかかる負担も大きい。琴浦の名前で最後を飾りたい一心だったのだろう。

藤井孝正監督

実際に試合が出来なくなるピンチもあった。春の大会の地区予選の前に、エースの山縣正英が右手首を骨折した。バスケ部から助っ人を借り、試合に臨んだ。中学時代は控え選手だった部員が多く、中でも塩田健太は、中学時代ベンチにも入れず遠投も50メートルも投げられなかったと新聞記事になった。だが、最後の夏にはファーストを守り、控え投手もできるようになった。監督の同級生が練習の手伝いに来るなど、文字通り全員での総力戦だった。

うれしかったのは、地元の琴浦中学が吹奏楽で応援に来てくれたことだ。琴浦は閉校が決まっていて、3年生だけしかおらず、吹奏楽部の部員は1人だけ。楽器のできる先生が加わっても3人。そこで、中学校の校長先生に部員9人で出かけて頼み、遠路、一回戦の会場の美咲町エイコン球場に駆けつけてくれたのだ。

## 雨天で引き分け再試合

この年は雨に悩まされ、日程や球場が変わった。その影響で琴浦も振り回された。美咲町の球場での一回戦、倉敷南との試合は第一試合。児島を朝4時半に出た。だが、大雨が降りだし雨で順延。次の日にも同じ時間に出発し、試合は出来たが水浸しのグラウンドでの戦いだった。9—4と大きくリードしていたが、雨が激しさを増した。投手の山縣はボールがすべり5連続四球などで7回に5点差を追いつかれ、やっと最後、ダブルプレーで切り抜け、雨天引き分けで再試合になった。

翌日の再試合は、マスカット球場だった。そこで緊急事態が起きた。3回裏エース山縣のヒジが激しい痛みに襲われ、降板しライトを守った。普段なら痛さを隠す山縣、よほどだったのだ。監督は投球練習を十分していないが、運動能力のあるセンターの小谷和也にマウンドを託した。小谷はランナーを出しながらもなんとか踏ん張った。途中、塩田をつなぎ、小谷は投げた。試合は9回に追いつかれ3—3で延長に入る。

この試合、延長10回表、エラーと犠打で一死3塁から降板していた山縣がスクイズを決め、順延も入れると3日間、計17回の試合に勝った。小谷は緊急登板とホームランで得点をあげている。9人の総力戦、いや、何とかやりくりしての必死の勝ち星だった。

琴浦は9人以外に万が一を考えて、他の部から3人を借りてベンチに入れていた。そして、次の試合で、その万が一が起きてしまう。

**平成18年夏　県大会　一回戦**（延長10回）

| | | | | | | |
|---|---|---|---|---|---|---|
| 琴浦 | 001 | 000 | 002 | 1 | 4 | 山縣・小谷・塩田・小谷—井上 |
| 倉敷南 | 000 | 000 | 201 | 0 | 3 | 長安—川口・島田 |

## またまた緊急事態　助っ人登場

二回戦は甲子園出場経験もある水島工業が相手だった。エース山縣は故障で投げられない。急造の投手、小谷が先発した。試合は1回裏に山縣が投げられない悔しさを晴らすようにスリーランをかっ飛ばし、3点を先制した。負けじと小谷が2回裏にツーランホームラン。6回を終えて8―2と安全圏に逃げ込んだと思えたが、小谷が疲れ球威も落ちてきた。

7回表に3点を取られ、その裏に攻撃陣が2点を援護する。7回を終えて10―5にし、逃げきれると思った矢先、またも緊急事態が起きる。レフトの三宅が脱水状態で足がつり動けなくなったのだ。ここで、バスケ部の野上を守備につかせることになった。出番があるとは思っていなかった野上は「頭が真っ白になった」と試合終了後にコメントしている。

3週間前から練習に参加した野上。8回表は、なにごともなかったが、勝利目前の9回

勝利で応援席に走る琴浦ナイン

表に肝を冷やした。水工が反撃し追いあげる。二死1・2塁でレフト前にヒットが飛ぶ。もし、後逸すれば一気に差が詰まる。だが、無事キャッチして、内野に返球した。琴浦はなんとかしのいで、10—7で勝利した。9人プラス助っ人3人は2勝目をあげた。急造投手の小谷は13安打を打たれたが完投だ。

## そして、夏が終わった

三回戦の対戦相手はシード校の倉敷だった。エースは、のちに日ハムに入団する津田大樹。藤井監督は毎試合「一所懸命すれば何が起こるかわからない」と選手を励まし続けた。この試合も相手のデータを分析し、準備を整えて臨んだ。監督の藤井は倉敷商業のOB、9人のチームに名門の魂を吹き込んでいた。

試合は5回までゼロ行進、琴浦は津田を打てずチャンスがつくれない。だが、先発の小谷が好投した。6回裏には、ひじの痛みがある山縣がマウンドに上がった。他の選手が一年間頑張ってきたエースを、投げさせたいと思っていたからだ。四球、犠打、ヒットで1点を許し、センターフライの後、死

**平成18年夏　岡山大会　二回戦**

| | | | | | |
|---|---|---|---|---|---|
| 水島工業 | 000 | 002 | 302 | 7 | 虫上・吉田・大島—白坂 |
| 琴浦 | 303 | 011 | 20× | 10 | 小谷—井上 |

球。ツーアウトを取ったところで、再び小谷が投げた。琴浦は2安打に抑えられた。

たった9人と助っ人3人、そして女子マネージャー1人。3―0で敗れ、県大会優勝やプロ選手を生み出した琴浦高校野球部の60年の歴史に幕が下りた。

井上は泣きじゃくる選手に「堂々と帰ろう」と声をかけた。この大会、琴浦のスタンドに詰めかけた3年生全員の応援団は優秀応援団に選ばれた。琴浦高校の最後の勲章になった。

井上は今、35歳、2人の子供を持つ父親だ。製鉄所で天井クレーンを操作し、真っ赤に溶けた鉄を運ぶ仕事に就いている。なぜか、小谷と同じ職場だ。急遽マウンドに立った投手と捕手は今もバッテリーを組んでいるようだ。

倉敷南に勝ち校歌を歌う琴浦ナイン

当時のメンバーは今でも、正月に集まる。思い出という宝物を持って。

# 8

# 番外編　岡山高校野球三国志

# 岡山、監督たちの三国志

## 人情家　倉敷工業の名将

岡山の高校野球の戦後史ともいえる26校の物語の最後に、名監督たちの知られざる余話を書いてみたい。

戦後、岡山でいち早く全国区になった倉敷工業の歴史は小沢馨という名選手であり、20歳で監督に就任した男の遺産だ。昭和24年夏に当時、世紀の番狂わせと言われた小倉北（現小倉）の夏三連覇を阻んだエースは短いプロ生活を経て、監督に就任し倉工の時代を作っていった。倉敷地域は水島コンビナートの整備という巨大プロジェクトが進む中で倉工の野球は工業県への脱皮を進める岡山県のシンボルでもあった。イグサから工業製品に移り行く産業の変化の中に、その物語は刻まれていった。

小沢は昭和36年夏の報徳戦でケガで登板できなかったエースを、安全圏に入った得点差で投げさせ、不運な大逆転を喫した。敗戦の夜、倉敷に帰る列車の中で高校野球ファンの男に話しかけられた。テレビの発達していない時代、男は多分、それが小沢監督とは知らなかったようだ。「あの監督は何であそこで投手を後退させたのか。馬鹿な采配だ」と言われた。相手が話すがままに、小沢は生返事をしながら耐えていたと言う。

取材をする中で、小沢は岡山県の監督たちに乞われ指導していたことをたびたび聞いた。津山高校の百周年記念誌には小沢が今後の健闘を祈る文章を寄稿している。

倉敷工業は真言宗のお寺で合宿していた縁で、小沢は遠く和歌山県の高野山高校に指導のため定期的に赴いていた。天理やＰＬなど宗教系の高校が甲子園に出場する中で、その腕を見込まれたのだ。そして、高野山は昭和44年の選抜に出場するまでに成長した。

そのころ、小沢は倉敷市立の定時制高校の事務職員をしていたが、倉工の監督の他、定時制の軟式野球の監督も兼ねていた。そして、昭和39年、40年には全国制覇をしている。多忙な中でも、小沢は紀伊半島の山

小沢監督

中に足を運んでいた。野球を愛する人に経験を教えることをいとわなかったのだ。そこには、本編で書いた報徳とのドラマや、さわやかイレブン池田に練習のため部員を差し向けた人情が根底にある。

小沢は攻撃を主体にした野球がベースだが、時々の状況に応じた作戦、チーム作りで甲子園に導いていった。選手個々の性格にあった指導をしていたことも取材から感じられた。不運や勝敗を越えたドラマが彩る彼の足跡に、魅かれるのは私だけだろうか。

## 頂点に立った監督の秘話

倉敷工業の小沢のライバルとなって行く向井正剛は大学を卒業して岡山東商に赴任、間もなく監督となった。4年間は甲子園どころか鳴かず飛ばずで不安にかられた。そんな時に中学野球で大きな結果を残していた臼井敏夫が東商に赴任してきた。向井は「こりゃ結果が出なかったら監督交代だ」と感じたと言う。

向井監督

だが、ここで彼に幸運が訪れる。就任5年目の昭和37年の秋、県大会で優勝して選抜への関門、中国大会に進んだのだ。岡山東商はクジで一回戦の登場となり、最低でも2つ勝たねば選抜には届かない状況だった。島根の益田に5―4と辛勝して準々決勝に進んだが、ここで広島の呉港に4―2と敗れた。ベスト8止まりで選抜は絶望的だった。

だが、向井に風が吹いた。当時の高野連の会長、佐伯達夫はアマチュア野球のマナーや礼儀を大切にする人物だった。岡山東商はマナーを選手に叩き込むことで知られていた。部長を務めていた近藤時正が佐伯と近しい存在で、選考に校風や品位を求める中で選抜候補に浮上した。主催の新聞社にも、東商にシンパシーを持つ人がいて、そうした空気が生まれたのだろうと向井は語った。そして、翌昭和38年春、向井は初めて甲子園に出場する。初戦で敗退したが向井の首はつながり、2年後の選抜制覇という岡山県史上の快挙が起きるのだ。人の運命は不思議だ。選抜優勝の過程で部長の近藤は倉敷工業の指導体制の不協和音を見抜いて、敵方の妹尾求コーチを東商に移ら

妹尾求コーチ

せる裏技も見せている。

岡山二強時代は有望な中学生の勧誘合戦は常に激しい綱引きが行われた。昭和30年代後半からは岡山東商の平松政次投手を向井が倉工から志望を変更させ選抜優勝につなげた。逆に倉敷工業は東商から小山稔投手を心変わりさせ、4期連続の甲子園出場、昭和43年は春夏ともにベスト4に進む成績を残した。昭和40年代後半は県内評判の同期、寒川浩司を東商に、倉工は兼光保明をせりあって入学させるせめぎあいがあった。

## 商業の覇権は東商から岡山南に

向井の後を継ぐかもしれなかった臼井は、東商で女子ソフトボールの監督を務め、昭和47年に岡山南に異動する。この時に部長としてタッグを組み南を岡山県の最強チームにしていったのが、時を同じくして南に赴任した藤原忠昭だった。藤原は前任の玉野商業（現玉野商工）で女子ソフトの顧問を務め、臼井とは気心が知れた間だった。この二人が攻撃野球、ブルーのユニフォーム、そ

臼井監督と藤原部長

して女子マネージャーを前面に出すなど新しい時代の演出的な指導をしてスポットライトを浴びるようになる。ちょうど東商は向井が部長を経て県教委に移り、後任の岡本成機が若くして監督になった。まるで筋書きがあるように岡山の高校野球は動いていった。

岡山東商の伝統的な野球に挑戦するような南の動きは、カリスマ監督の退任もあって有力選手たちの進路に大きな影響を及ぼした。特に中学野球のレベルが高かった玉野市の選手たちが、東商から南に多く進むようになったのだ。昭和52年春の選抜初出場、ベスト4進出で南が一気に台頭していった。逆に東商は昭和53年夏に甲子園でベスト4に進んだのを最後に苦戦が続くようになった。

## 私学二強と普通科校の活躍

岡山最古の歴史を誇る関西も、昭和50年代半ばに復活の気配を示してゆく。それは、後発ながら大学時代から岡山理大附属の監督を務めていた永易恒夫が甲子園に導く頃と重なる。関西や理大附属の躍進は倉敷工業と岡山東商の二強時代の終わりを告げるもので、一足先に甲子園で結果を出した岡山南を筆頭にした戦国時代に入った。

そんな中で存在感を示したのが造船景気の後退で「地域に活気を」と地域ぐるみの応援

態勢が出来た玉野高校の輝きだ。中学野球のレベルが抜群だった玉野市の選手が地元で野球をするようになり、普通科の練習時間ながら好成績を残していった。昭和53年秋の県大会優勝に始まり、夏の県大会決勝進出は3度で、長年指揮を執った平谷、豊田監督の存在は、のちの岡山城東の甲子園出場の大いなる序章だった。

岡山大安寺、岡山芳泉の活躍は練習時間の短さや十分でない練習環境の中で選手たちが自主的に工夫や努力を重ねた成果だった。数人の有力選手が集まった時に、今につながる自発的なチーム作りが自然にできて大旋風やつむじ風を吹かせた。倉工、東商、関西、倉商などの強敵を無心に打ち破る番狂わせは、名門校の脅威だった。それは甲子園に向かうチームに刺激を与え、県大会の序盤から気持ちの入ったプレーをすることにつながった。

理大附属初の選抜決まる

## 普通科校の選手がもたらしたもの

昭和48年夏の大安寺旋風の時のエース西山（原）裕は中学の教員となり野球の指導に長く携わった。その中で岡山城東の山崎慶一監督と知り合い、選手の紹介や指導などを伝えている。

また、岡山芳泉の一期生のエース猪原正浩は一般企業を退任後、岡山学芸館の寮長をつとめて躍進に一役買っている。玉野高校の選手たちは県立高校の監督に多くがなり、萱勝は玉島商業、水島工業などで指揮を執り、玉野光南を3度甲子園に送った。

岡山城東の選手たちも中学や高校の教員として野球の指導にあたる人材を相当数輩出した。それは岡山の中学・高校の野球を支える存在だ。

## 長谷川野球がもたらしたもの

倉敷商業は平成に入って県立高校のリーダーとなったが、守りで鍛えた長谷川登監督が大きな基礎を固め、教え子たちがそれを引き継いでいる。

それが出来た背景には、時代の変化に合わせて選手たちに強制するのではなく、なぜその練習が必要なのかを説く、コミュニケーションの成功や多くの部員たちが３年間、自分の居場所をつくるチーム運営の手法がある。それは１００人近い部員を抱える新私学三強の練習法の原点でもある。倉商野球は練習を重ねることで、隙のない試合運びをする緻密さが根底にはあった。それに現代の打撃が合わさった時に成果を上げている気がする。

## 新私学三強の監督たち

近年、躍進している、おかやま山陽、岡山学芸館、創志学園はいずれも監督が県外の出身で、それぞれ経験を積んでいる。折しも、令和４年秋の県大会はおかやま山陽が優勝、創志が準優勝、３位が岡山学芸館だった。この春、令和５年春は学芸館が優勝を果たして新私学三強時代を感じさせた。

おかやま山陽の堤尚彦監督の、青年海外協力隊や会社員時代に学んだことをベースにし

平成元年夏　ベスト8に

た人間性を養う指導は高く評価する人が多い。岡山の高野連の関係者や元監督もその指導を誉めた。一例をあげると、創志学園の元監督長沢宏行は「私学三強がこれから岡山を引っ張るでしょうが、私は山陽に期待するな」と漏らしている。

岡山学芸館の佐藤貴博は岡山の作陽で関西の元監督の角田篤敏の下でコーチを務め、岡山城東の山崎慶一の下でも指導した。岡山をリードした二人の監督の知識と自らの経験をどう組み合わせて行くのか。仙台育英の同期が全国制覇をしただけに結果を出したい思いは強いだろう。

創志の門馬敬治は激戦区神奈川で東海大相模を長く率い、全国制覇4回の大監督だ。新たな境地を求めて岡山にやって来たが選手のスカウト網など岡山に新しい風を吹かせてくれるはずだ。先の稿でも書いたが右腕となる部長は創部以来12年間、長沢元監督の下で岡山の野球を見てき

秋の大会優勝　おかやま山陽

令和５年春　県大会優勝　岡山学芸館

た大長秀行だ。このコンビが上手くかみ合えば、これまでにない岡山の高校野球が見られるかもしれない。

岡山の高校野球ファンには、そんな新しい三国志を見つめて欲しい。

## 高校野球の未来……

最後になるが、岡山からは現代の選抜の特徴でもある21世紀枠で甲子園に出場したチームはいない。この制度には、異論もあるが勝つことだけが高校野球ではないように、強いだけが高校野球でもないと私は思う。小規模のチームにとっては甲子園が遥か彼方の存在だが、可能性は小さいとはいえ、希望をもって好きな野球に取り組めるシステムでもある。県北で頑張るチーム、県南でも部員不足に悩むチームが努力をすることで、いつか聖地の土を踏んでもらいたい。それは、大規模なチームと小規模なチームに両極分化する高校野球をこれからも維持発展、また、より良い文化として維持してゆく試金石に思えるからだ。

創志学園　門馬監督

部員不足に悩む普通科校などは地域のいくつかの高校が戦力を維持するために当たり前のように一つのチームを組み、都市対抗的なやり方をするのも、今後、考えられると話す人もいた。革新的なことも考えなければならない時代になっているのだ。

若者たちが支持する新しいスポーツやｅスポーツなどの人気が高まっている。

高校野球が選手にとっても、ファンにとっても興味ある存在で続くことを考えなければならないだろう。そんなことも含めて、多くの人に高校野球の未来を見つめて欲しい。

# 岡山県高校野球風雲録　年表

明治28年　関西中に野球部　学生野球の父となる安部磯雄が野球部を指導
明治30年　津山中に野球部　草創期には歩いて鳥取に試合に
明治32年　岡山中（のちに岡山一中）に野球部
明治35年　金川中（のちに御津高に継承）に野球部
明治42年　笠岡商業に野球部
大正４年　夏の全国大会始まる（豊中球場）
大正７年　米騒動で夏の全国大会中止
大正10年　岡山一中が夏の全国大会へ（鳴尾球場）戦前唯一の岡山勢出場
大正12年　岡山二中　岡山県商（岡山東商）に野球部
　　　　　津山中山陽大会決勝で敗れ　全国大会逃す
大正13年　甲子園球場完成　夏の全国大会の会場に
　　　　　吉備商（岡山商大附属）に野球部
大正14年　選抜大会始まる　第一回は名古屋で開催　以後甲子園にて
昭和４年　玉島商業に野球部
昭和６年　倉敷商業に野球部
昭和14年　岡山市商（岡山南）に野球部
昭和15年　津山商業に野球部

昭和16年　倉敷工業に野球部
昭和17年　戦争激化で夏の全国大会4年間中止
昭和21年　夏の全国大会復活　岡山二中、山陽大会決勝で敗れ甲子園逃す
昭和23年　関西　夏の甲子園に初出場　ベスト8進出
昭和24年　関西　選抜に初出場　中西太の高松一に初戦で敗れる
夏の甲子園に倉敷工業初出場　小倉（当時は小倉北）の三連覇を阻み
世紀の番狂わせと報じられた　エースは小沢馨で準決勝進出
昭和26年　岡山東商　秋山―土井で夏の甲子園初出場　怪童中西の高松一に敗れる
倉敷工業監督に小沢馨就任
昭和32年　選抜で倉敷工業　準決勝に進出
岡山東商に向井正剛赴任
笠岡商工　東中国大会決勝で敗れる
昭和33年　夏の甲子園　記念大会で一県一校　倉敷商業が西大寺を破り優勝
昭和36年　倉敷工業　甲子園で報徳に大逆転負け
昭和38年　岡山東商　向井監督で選抜初出場　夏に水戸工業に甲子園で初勝利
昭和39年　倉敷商業　星野を擁し東中国大会決勝に　米子南に敗退
昭和40年　選抜で平松が熱投　岡山勢唯一の甲子園優勝
優勝パレードでメダルが盗まれる事件が起きる
夏の東中国大会　決勝は平松―森安の投手戦で岡山東商が関西下す
昭和42年　津山商業　選抜に選ばれるも野球部と関係のない事案で出場辞退
倉敷工業が補欠校として出場　エースは小山で4期連続甲子園

昭和43年　倉敷工業　春夏ともにベスト4　左腕の小山が力投
　夏は新浦の静岡商業に惜敗
昭和44年　玉島商業　松枝を擁し春夏の甲子園
　夏は準決勝に進出　三沢の太田を苦しめるも接戦で敗れる
昭和46年　岡山東商　夏の甲子園　ライト、吉田の二投手で準決勝に
　国体では優勝を飾る
昭和48年　第一次大安寺旋風　決勝では5連投の西山が打たれ無念の試合
昭和49年　選抜でさわやかイレブンの池田が準優勝
　準々決勝で対戦した倉敷工業は小沢監督が池田の前日に部員を
　池田に送り練習を手伝わせる
昭和50年　金属バット解禁
　倉敷工業　選抜開幕試合で16—15の打撃戦で中京下す
　秋の大会終了後　小沢監督退任
昭和51年　玉野高校を甲子園に送る会結成
昭和52年　岡山南　攻撃野球で選抜初出場　ベスト4に進出　山沖の中村に敗れる
　水島工業　夏の甲子園に初出場
昭和53年　岡山東商　夏の甲子園　逆転とサヨナラの連続で準決勝進出
　玉野秋の県大会優勝　東中国大会では初戦敗退
昭和54年　倉敷商業の長谷川監督　初の甲子園出場
昭和55年　岡山理大附属　選抜初出場　3期連続で甲子園に
昭和56年　岡山南　川相をエースに夏の甲子園　県大会決勝では玉野が1—0で敗れる
昭和57年　津山　秋の県大会準優勝　B'z世代期の活躍始まる

昭和58年　13年連続　夏の大会初戦敗退の岡山朝日が決勝進出　大きな話題に
昭和61年　岡山南　選抜でベスト4　交流の深かった池田に打ち負ける
昭和62年　第二次岡山大安寺旋風　二度目の夏の県大会決勝　関西に惜敗
昭和63年　第三次岡山大安寺旋風　秋の県大会で優勝　中国大会では力を出せず
平成元年　倉敷商業　夏の甲子園で選抜優勝の東邦に勝利　ベスト8まで進出
平成2年　玉野光南　選抜初出場
　岡山城東　開校4年で夏の甲子園出場　岡山の普通科校初の大舞台
平成3年　岡山東商　久々の夏の甲子園　県大会4強に作陽、勝山の県北勢
平成5年　関西　角田監督で初の選抜　以降岡山をリードする存在に
平成6年　岡山城東　選抜で帝京・浦和学院・明徳義塾を連破しベスト4
　準決勝で優勝した鹿児島実業に惜敗
平成7年　阪神大震災　関西　選抜でベスト4　初出場初優勝の観音寺中央に敗れる
平成10年　松坂世代　岡山城東　夏の甲子園でPLと好勝負
平成11年　岡山理大附属　夏の甲子園で智辯和歌山にサヨナラ勝利
　岡山勢初の夏の決勝
平成12年　岡山学芸館　秋の中国大会で優勝
平成13年　岡山学芸館　初の選抜出場
　玉野光南　初の夏の甲子園　日南学園の寺原を打つも敗戦
平成14年　関西　選抜で準決勝進出　鳴門工業に延長で敗れ決勝を逃す
　玉野光南　2年連続で夏の甲子園
平成18年　関西　春の選抜で早稲田実業と引き分け試合　再試合でも激闘
平成20年　選抜に興譲館が初出場

| | |
|---|---|
| 平成22年 | 倉敷商業　森光監督でこの年から3年連続で夏の甲子園 |
| | 創志学園　創部　秋の中国大会で準優勝 |
| 平成23年 | 東日本大震災　創志学園　創部初年度に選抜出場 |
| | 野山主将が歴史に残る宣誓 |
| | 関西　県大会決勝で金光に大逆転勝ち |
| 平成27年 | 夏の甲子園で選抜準優勝の九州国際大附属に勝利　準決勝まで進む |
| 平成28年 | 岡山学芸館　山崎監督で初の夏の甲子園 |
| | 創志学園　エース高田で春夏連続の甲子園 |
| 平成29年 | おかやま山陽　初の夏の甲子園　翌年春の選抜も出場 |
| 平成30年 | 創志学園　エース西で夏の甲子園　大舞台でも初戦突破 |
| 令和元年 | 岡山学芸館　佐藤監督で甲子園　初勝利もあげる |
| 令和2年 | コロナで選抜、夏の選手権とも中止　代替大会に倉敷商業出場 |
| 令和4年 | 創志学園　夏の県大会優勝　長沢監督6回目の甲子園 |
| | 長沢監督が退任　東海大相模の前監督門馬氏が就任 |
| 令和5年 | 岡山学芸館　春の県大会初優勝 |

# あとがき

戦後の岡山の高校野球は倉敷工業がリードし、岡山東商が対抗して昭和30年代後半から50年ごろまで二強時代が続いた。その後、岡山南が攻撃野球で二強に割って入り、古豪関西が復活、岡山理大附属が台頭した。また、同時期に玉野などの普通科校が躍進したが大舞台には手が届かなかった。戦前からの歴史を持つ倉敷商業は長く指導を務めた長谷川監督からの土台が上手く引き継がれ、平成から令和まで安定した力を維持している。近年は岡山学芸館、創志学園、おかやま山陽が新私学三強で大きな存在感を見せている。

岡山の全国大会出場校は岡山朝日（岡山一中）、関西、倉敷工業、岡山東商、玉島商業、倉敷商業、岡山南、水島工業、岡山理大附属、岡山城東、玉野光南、岡山学芸館、興譲館、創志学園、おかやま山陽の15校だ。令和の時代、創志学園は全国優勝4回の経験をもつ東海大相模の門馬敬治前監督を迎えた。復活を狙う関西はプロで活躍した上田剛コーチを招いて強化を図っている。

岡山の高校野球は新私学三強に関西、岡山理大附属、県南に移った作陽学園の私学勢に、倉敷商業、倉敷工業、岡山東商などの公立勢が挑む図式だろう。その中で、甲子園に手が届いていない学校には21世紀枠での甲子園を勝ちとって欲しい。特に、津山や勝山などの県北勢に期待を寄せたい。もちろん、普通科校の旋風をまた見たい。

二十代後半の四国支社時代、池田高校の蔦文也監督と連絡船で偶然に出会い、乗船中ずっと話を聞かせてくれたことを思い出す。「鍛錬千日の行　勝負一瞬の行」。これは野球の真実を言い表している。努力を重ねても一瞬の判断を間違えば、無に帰する野球の怖さだ。「山間の町の子供らに大海（甲子園）をみせてやりたかったんじゃ」と話し、「あんたも四国の人間やけん、わかるやろ」と言われた。「甲子園に出るまで20年かかった。野球に近道はないし、人生も近道はないけんな」そんな言葉が今も耳に残る。「人生は敗者復活戦じゃけん」と失敗をしても立ち上がる、たくましさを教えてくれた。その言葉は今に至る自分を支えてくれた。高校野球は清濁が混じる人生の縮図なのだとも思う。

野球は思うままにならない。それが、野球であり、人生だ。それは野球を愛する人を引き付ける。高校野球には変わらなければならないところもある。だが、人間臭い負けん気や反発、挫折も含めて、すべてが高校野球の魅力なのだと思う。

明治維新で刀を捨てた武士の子弟たちはバットをそれに変え、野球を日本の文化にしていった。旧制中学の学生は野球に誇りを持ち、実業高校の学生は、そんなエリートに対抗して魂のぶつかり合いが起き名勝負は生まれた。都会と地方のせめぎあいも高校野球だ。

今回、取材中に永遠の野球小僧たちから、輝くような言葉をもらった。

「甲子園を愛するのではなく　野球を愛する」「甲子園は狙うがそれがすべてではない」「野球が終わった後の人生の方が長く大切だ」そんな思いを持って、これからも岡山の、そして全国の高校野球を見つめたい。

# 参考文献


岡山県高校野球三十周年記念誌（岡山県高校野球連盟）

岡山県高校野球史（自　昭和51年　至　昭和60年）

岡山県高校野球五十周年記念誌、六十周年記念誌、七十周年記念誌

熱球譜　甲子園全試合スコアデータブック（東京堂出版）

歴代春夏甲子園メンバー表１００年大全集（廣済堂出版）

週刊甲子園の夏　全国高校野球選手権90回の軌跡（朝日新聞出版）

球譜一世紀　おかやまの野球（山陽新聞社）

城東野球の奇跡（山陽新聞社）

史上最速の甲子園　創部一年目の奇跡　創志学園野球部（メディアファクトリー）

中国の高校野球　岡山、広島、鳥取、島根、山口（ベースボールマガジン社）

にっぽんの高校野球　中国編（ベースボールマガジン社）

Sports Graphic Number 83（文藝春秋）

津山高等学校野球部史

岡山県立岡山操山高等学校　野球部90年の軌跡

岡山県立西大寺高等学校　野球部の歴史

芳泉高等学校野球部　30年の歩み

岡山県立倉敷商業高等学校野球部史

白球にかけた40年　岡山県立玉野高等学校硬式野球部

笠岡商業創立百周年記念誌

高校野球ユニフォームセレクション（洋泉社）

甲子園出場校大辞典（東京堂出版）

論文　戦前期における中等学校文化に関する研究（渡辺一弘）

ネット　高校野球データベース　夏の地方大会編

山陽新聞　各試合掲載分

朝日新聞　各試合掲載分

著者プロフィール

石原正裕（いしはら　まさひろ）

1958年香川県さぬき市生まれ。幼いころから志度商業のファンで、中学2年の時、高松一高の夏の甲子園ベスト８を見て、進学を決めた。早稲田大学を経て、1981年RSK山陽放送に入社。事件事故・政治・農業・漁業など幅広い取材を行い、TBS報道特集などで高評価を得る。番組制作・ラジオ・イベント企画運営なども行い、讃岐うどんブームの火付け役ともなるなど、地域おこしの情報発信に携わった。民間放送連盟の全国表彰など受賞多数。高校野球取材は、ニュース、中継などで携わり、現在、ライフワークの一つとなった。高校野球の歴史と文化の研究のため、ユニフォーム収集を10年前から始め、夏の全国大会優勝校のものをコンプリートして、全国紙に掲載された。趣味は食べること、寝ること、スイミング、ユニフォーム収集と研究。好きなユニフォームは左胸のワンポイントタイプで、岩手の福岡、小倉、東奥義塾、母校の高松一高、膳所、下関商業がお気に入り。



昭和・平成・令和

**岡山県高校野球風雲録**

～ユニフォームは知っている～

---

2023年8月5日　発行

著 者　石原正裕

発 行　吉備人出版

〒700-0823 岡山市北区丸の内2丁目11-22
電話 086-235-3456　ファクス 086-234-3210
ウェブサイト www.kibito.co.jp
メール books@kibito.co.jp

印 刷　株式会社三門印刷所

製 本　株式会社岡山みどり製本





ISBN978-4-86069-714-3　C0095


写真については可能な限り著作権者を調べましたが
不明なものもありました。心あたりの際はご連絡ください。